Walter Riso

AMA Y NO SUFRAS

Walter Riso nació en Italia en 1951. Su familia emigró a Argentina cuando era muy joven. Allí creció en un barrio multiétnico en el centro de una comunidad de inmigrantes italianos. Cursó estudios universitarios de psicología en Colombia; se especializó en terapia cognitiva y obtuvo una maestría en bioética. Desde hace treinta años trabaja como psicólogo clínico, práctica que alterna con el ejercicio de la cátedra universitaria y la realización de publicaciones científicas y de divulgación en diversos medios. Actualmente reside en Barcelona.

www.walter-riso.com

AMA Y NO SUFRAS

AMA Y NO SUFRAS

*Cómo disfrutar plenamente de
la vida en pareja*

Walter Riso

Vintage Español
Una división de Random House, Inc.
Nueva York

PRIMERA EDICIÓN VINTAGE ESPAÑOL, FEBRERO 2012

Copyright © 2003, 2009 por Walter Riso

Todos los derechos reservados. Publicado en los Estados Unidos
de América por Vintage Español, una división de Random House,
Inc., Nueva York, y en Canadá por Random House of Canada
Limited, Toronto. Esta edición fue originalmente publicada
en España por Editorial Planeta, Barcelona, en 2009.
Copyright © 2009 por Editorial Planeta, S. A.

Vintage es una marca registrada y Vintage Español y su colofón
son marcas de Random House, Inc.

Información de catalogación de publicaciones disponible en la
Biblioteca del Congreso de los Estados Unidos.

Vintage ISBN: 978-0-307-94783-3

www.vintageespanol.com

Impreso en los Estados Unidos de América
10 9 8 7 6 5 4 3

Este amor

Tan violento

Tan frágil

Tan tierno

Tan desesperado

Este amor

Bello como el día

Y malo como el tiempo

Cuando hace mal tiempo

Este amor tan verdadero

Este amor tan hermoso

Tan feliz

Tan alegre

Y tan irrisorio

Temblando de miedo como un niño en la oscuridad.

JACQUES PRÉVERT

ÍNDICE

PRÓLOGO

Al escribir este prólogo doy a tal palabra el significado que nos brinda el Diccionario de la Lengua Española: «Discurso antepuesto al cuerpo de la obra en un libro de cualquier clase, para dar noticia al lector del fin de la misma obra o para hacerle cualquier otra advertencia». Sin embargo, resulta que las palabras tienen un sentido. En este caso desearía que dicho «sentido» tuviera más importancia que el significado.

Las palabras de Walter Riso reunidas en el texto *Ama y no sufras* resuenan en mí de una manera especial. Traen a mi corazón y a mi memoria viejos sentimientos, ideas defendidas hace muchos años, aunque ya casi olvidadas, y hacen que revivan conocimientos, aparezcan dudas y se reafirmen conceptos. Lo que Walter Riso dice en este libro es para mí como una voz nueva y antigua a la vez, en ocasiones diferente, pero siempre como una voz hermana. Sus palabras trajeron a mi memoria un episodio olvidado hasta ahora.

Todo había comenzado en un paseo de adolescentes. Llegamos, en la madrugada, más allá de los cerros que rodean la ciudad. Éramos un grupo bullicioso, escandaloso y alegre, que fingía seguridad y cinismo, aunque la mayoría nos encontrábamos angustiados por la apariencia de la ropa deportiva apenas estrenada, por la falta de capacidad para trepar o saltar obstáculos y con el temor oculto de no lograr superar un repecho o por el miedo a los comentarios que pudieran generar nuestras conductas y logros durante el paseo. La maravillosa salida del sol, la frescura del aire, el estallido esplendoroso de la naturaleza alrededor, el fuego de la hoguera, el avistamiento de un oso (que todavía no sabemos si fue real o imaginario) nos embargaron y produjeron en nosotros una sensación de bienestar y alegría que perduró toda la jornada. Atrás quedaron las inseguridades y las dudas.

Sin embargo, cuando lo pienso en este momento, lo que contribuyó a producir la más cálida sensación del día fue la presencia de una pareja que había empezado a amarse hacía sólo un mes. Irradiaban algo físico, tierno, amable y cuidadoso: *eros*, *philia* y *ágape* tal como se entienden en el texto que nos ocupa, eran palabras y significados que por aquel entonces desconocíamos. No obstante, algo oscureció al final la luminosa jornada: la enamorada, al despedirse, irrumpió en llanto, en un verdadero mar de lágrimas salido desde adentro, veraz, pasional y contagioso. ¿Por qué el llanto? ¿Por qué el dolor? Ella respondió: «Esto es tan maravilloso que no puede durar, se acabará». La tranquilizamos como nos fue posible.

Sin embargo, pese a nuestros buenos augurios, después de un tiempo sus temores se hicieron realidad. Retornaron las lágrimas, se instaló el dolor, el rencor, la desilusión. El amor había terminado, llegó el «nunca más», el «maldita sea», la amargura. Paradójicamente la mujer había estado en lo cierto, había muerto lo maravilloso; la sorpresa, el deslumbramiento, la pasión y la novedad se habían ido para siempre.

De manera consciente o inconsciente, concebimos el amor desde la perfección, lo creemos permanente y no admitimos que pueda transformarse.

Esta historia se vuelve doblemente triste cuando pensamos que ese afecto habría podido salvarse del desamor y crecer en sabiduría y madurez si alguien les hubiera transmitido un mensaje más completo y realista sobre el amor, tal como lo hace *Ama y no sufras*.

El texto crea un espacio de reflexión acerca de las dimensiones básicas del amor, sobre cómo experimentarlo y gozarlo, cómo hacerlo perdurable y afrontar el sufrimiento si éste apareciera.

Pese a lo anterior, y conociendo lo vasto que es el campo del amor, sé que el autor no ha pretendido jamás agotar el tema en su texto. En su jugoso contenido, hay un aspecto que a mi manera de ver tiene una enorme importancia para el lector, y es el abordaje de «los tres amores con que amamos»: *eros*, *philia* y *ágape*. No sólo enseña y nos conduce a una versión sana del afecto, sino que finalmente nos permite aprender a «aprender el amor».

El libro está escrito de manera seria, rigurosa e ilustrada, sin concesiones a lo estrictamente literario, con quizá un involuntario aire poético, y, lo más importante, con claridad y sencillez. Se trata de virtudes difíciles de alcanzar, y que son fruto de la sabiduría y el deseo genuino de comunicarse con los demás.

En buena hora nos llega este material que nos habla sobre el amor y su importancia, y sobre la posibilidad de no sufrir y aliviar el dolor del corazón.

Sea *Ama y no sufras* bienvenido y bien hallado.

DOCTORA CECILIA CARDINAL DE MARTÍN
Médica y educadora sexual

INTRODUCCIÓN

Se sufre demasiado por amor, ésa es la verdad. Incluso los que se vanaglorian de gozar de perfecta sintonía con su pareja, en lo más recóndito de su ser, a veces albergan dudas, inseguridades o pequeños miedos anticipatorios respecto a su futuro afectivo. Nunca se sabe... ¿Quién no ha sufrido alguna vez por estar con la persona equivocada, por sentir que el deseo se ha apagado o, simplemente, por la caricia que nunca llegó? No hay nada más hipersensible que el amor, nada más arrebatador, nada más vital. Renunciar a él es vivir menos o no vivir.

El amor es múltiple. La experiencia afectiva está conformada por un conjunto de variables que se entrelazan de manera compleja. Sin lugar a dudas, sentir el amor es más fácil que explicarlo, porque nadie nos ha educado para amar y ser amados, al menos no de manera explícita. El afecto, en casi todas sus formas, nos embiste y trasciende. Algunos dirán que el amor no es para «entenderlo», sino para sentirlo y disfrutarlo, y que el romanticismo no soporta ningún tipo de lógica. No hay nada más erróneo. La actitud sentimentalista, además de ingenua, es peligrosa, ya que una de las principales causas del «mal de amores» nace precisamente de las creencias irracionales y poco realistas que hemos elaborado sobre el afecto a lo largo de nuestra vida. Las concepciones erróneas del amor son una de las principales fuentes de sufrimiento afectivo.

¿Racionalizar el amor? Así debe ser, aunque no demasiado, solamente lo necesario para no intoxicarnos. Tanto el amor deseado (principio del placer) como el amor *pensado* (principio de realidad) son necesarios; razón y emoción en proporciones adecuadas. El amor no sólo hay que degustarlo, sino incorporarlo a nuestro sistema de creencias y valores. Se trata de incrementar el «cociente amoroso» y ligar el corazón a la mente de tal manera que podamos canalizar de forma saludable el sentimiento. Dicho de otra forma: hay que ordenar y regular el amor para hacerlo más compatible con las neuronas. No hablo de restringirlo o cortarle las alas, sino de enseñarle a volar.

¿Qué queremos decir cuando hablamos de amor o cuando decimos que estamos enamorados? Utilizamos como sinónimos de amor un sinnúmero de palabras que no significan lo mismo: pasión, ternura, amistad, erotismo, apego, enamoramiento, simpatía, afecto, compasión, deseo y expresiones por el estilo. No hemos podido precisar qué es el amor ni unificar su terminología. Para algunos, amar es sentir pasión; para otros, amor y amistad son la misma cosa; y no pocos asocian el amor a la compasión o a la entrega total y desinteresada. Pero ¿quién tiene razón? ¿Los que defienden el sexo, los que prefieren el compañerismo o los que piensan que el verdadero amor es un hecho espiritual?

De acuerdo con los filósofos Comte-Sponville y Guitton, entre otros, pienso que el amor podría estudiarse mejor a partir de tres dimensiones básicas. Cuando esos elementos logran unirse de manera adecuada, decimos que estamos en presencia de un *amor unificado* y funcional. De acuerdo con sus raíces griegas, los nombres que reciben esos tres «amores» son: *eros* (el amor que toma y se satisface), *philia* (el amor que comparte y se alegra) y *ágape* (el amor que da y se compadece).

Hace algunos años, en otra publicación, propuse una estructura tripartita similar del amor: el amor tipo I (más emocional) referido al enamoramiento, el tipo II (más cognitivo / racional) que tiene que ver con el amor conyugal, y el tipo III (más biológico) relacionado con el amor maternal. Sin embargo, la nueva clasificación propuesta es más completa y rica en conceptos, más aplicable a la vida práctica y más fundamentada.

Un amor completo, sano y gratificante que nos acerque más a la tranquilidad que al sufrimiento requiere de la unión ponderada de los tres factores mencionados: deseo *(eros)*, amistad *(philia)* y ternura *(ágape)*. Ésa es la triple condición del amor que se renueva a sí mismo, una y otra vez, de manera inevitable.

Una pareja funcional no necesita tener relaciones sexuales cinco veces al día (la calidad es mejor que la cantidad), estar de acuerdo en todo (las discrepancias leves reafirman la individualidad) o vivir en un eterno romance (mucha ternura empalaga). El amor inteligente es un menú que se activa según las necesidades: todo en su momento, a la medida y de forma armoniosa.

Aunque a lo largo del texto profundizaré en cada uno de los tres elementos mencionados, haré aquí un pequeño bosquejo conceptual para facilitar su lectura posterior.

Eros

Es el deseo sexual, la posesión, el enamoramiento, el amor pasional. Lo más importante es el «yo» que anhela, que apetece, que exige. La otra persona, el «tú», no alcanza a ser sujeto. Es la faceta egoísta y concupiscente del amor: «Te quiero poseer», «Quiero que seas mía», «Te quiero para mí». El *eros* es conflictivo y dual por naturaleza, nos eleva al cielo y nos hace descender al infierno en un instante. Es el amor que duele, el que se relaciona con la locura y la incapacidad de controlarse. Pero no podemos prescindir del *eros*, el deseo es la energía vital de cualquier relación, ya sea como sexo puro o como erotismo. El *eros* bien llevado no sólo evoluciona hacia la *philia* de pareja (amistad con deseo), sino que también suele manifestarse de manera amable como dos egoísmos que se encuentran, se comparten y se disfrutan mientras hacen y deshacen en el amor. El *eros* no alcanza por sí mismo a configurar un amor completo, porque siempre vive en la carencia, siempre le falta algo. Es la idea del amor de Platón.

Philia

Es la amistad, en nuestro caso «amistad de pareja», el llamado «amor conyugal» o la amistad marital. La *philia* trasciende al «yo» para integrar al otro como sujeto: «yo» y «tú», aunque el «yo» sigue por delante. A pesar del avance, en el caso de la *philia*, la benevolencia no es total, porque la amistad todavía es una forma de amarse a sí mismo a través de los amigos. La emoción central no es el placer como deseo acaparador, sino la alegría de los que lo comparten: la reciprocidad, pasarlo bien, estar tranquilos. La *philia* no requiere de una unión total (nunca la conseguimos con nadie, ni siquiera con los mejores amigos), basta con que exista cierta complicidad de intereses, un esbozo de comunidad de dos en convivencia. Mientras el *eros* decae y resucita de tanto en tanto, la *philia* se vuelve más profunda con los años si todo va bien. Pero de ninguna manera la *philia* excluye al *eros*; por el contrario lo serena, lo ubica en un contexto menos concupiscente, menos rapaz, pero no lo aniquila. En las relaciones más o menos estables hacemos más uso de la *philia* que del *eros*, pero ambos son indispensables para formar un vínculo estable. Cuando domina el *eros*, nos convertimos en seres libidinosos y desenfrenados, y somos «cosa» y «sujeto» a la vez: cosa, en tanto nos devoran; sujetos, en tanto devoramos. La *philia* y el *eros* juntos suponen una lujuria simpática y amena, hacer el amor con el mejor amigo o la mejor amiga. La *philia* es la amistad de Aristóteles y Cicerón, por ejemplo, llevada a la pareja.

Ágape

Es el amor desinteresado, la ternura, la delicadeza, la ausencia de violencia. No es el «yo» erótico que arrasa con todo, ni el «yo» y «tú» del amor amistoso, sino el amor de entrega: el «tú» puro y descarnado.

Es la dimensión más limpia del amor, es la benevolencia sin contaminaciones egoístas. Obviamente, no me estoy refiriendo a un amor irreal e idealizado, porque incluso el *ágape* pone condiciones; de lo que hablo es de la capacidad de renunciar a la propia fuerza para adaptarse a la debilidad de la persona amada. No se trata del placer erótico ni de la alegría amistosa, sino de pura compasión; del dolor que nos une al ser amado cuando sufre, cuando nos necesita o nos llama; es la disciplina del amor que no requiere esfuerzo. El *ágape* no suele ser necesariamente la última etapa en la evolución del amor, pero su aparición tampoco desplaza o suprime a sus dos antecesores: una vez más, los incluye y los completa. Como se verá a lo largo del texto, puede haber sexo agápico (*eros* y *ágape*) y amistad desinteresada (*philia* y *ágape*). En resumen, el *ágape* es el amor de Jesús, Buda, Simone Weil y Krishnamurti.

Según lo expuesto, no hay un amor de pareja, hay al menos tres amores reunidos alrededor de dos personas, y la alteración de cualquiera de ellos hará que el equilibrio vital del afecto se pierda y el sufrimiento aflore. La alteración afectiva puede provenir del *eros* (por ejemplo, cuando sentimos que no somos deseados o que ya no deseamos a nuestra pareja), de la *philia* (por ejemplo, cuando el aburrimiento se hace cada vez más patente y la alegría languidece), del *ágape* (cuando la falta de respeto y el egoísmo comienzan a hacerse frecuentes), o de cualquier combinación de ellos que resulte disfuncional.

Algunas personas intentan resignarse a un amor inarmónico, pero antes o después, el déficit termina por alterar la relación y la tranquilidad personal. ¿Amor de pareja sin deseo? Bastante improbable; en todo caso se trataría de algo diferente. ¿Convivir con el enemigo? Resultaría insostenible. ¿Despreocuparse por el bienestar de la persona amada? Sería demasiado cruel.

Insisto, sólo en la presencia activa e interrelacionada del *deseo*, la *amistad* y la *compasión* se realiza el amor. *El amor incompleto duele y enferma.*

Conozco gente que ha disociado los tres amores hasta configurar una especie de Frankenstein afectivo. Respecto al *eros*: se ven una o dos veces por semana con el o la amante. En cuanto a la *philia*, la disfrutan en el hogar, junto a la esposa o el esposo. Y dejan el *ágape* para los domingos en misa. Cuanto más disgregados estén los componentes del amor, mayor será la sensación de vacío y desamor.

En otros casos, las necesidades y expectativas de los integrantes de la pareja no coinciden, y los componentes del amor se pierden en una maraña de confusión y malos entendidos. Si no tenemos un esquema cognitivo (mental) con el cual interpretar los hechos, será imposible resolverlos.

Adriana y Mario llevaban once años casados. Su matrimonio había sido en apariencia satisfactorio, al menos ésa era la imagen que proyectaban ante la gente; sin embargo, lentamente y de manera encubierta, el amor había comenzado a fragmentarse. Mario sentía que su vida sexual ya no era tan gratificante (necesitaba tener relaciones con más frecuencia y de más calidad) y Adriana se quejaba de soledad afectiva (necesitaba un compañero con quien compartir y comunicarse). Ambos estaban atrapados en un círculo vicioso del cual no eran muy conscientes: ella no era capaz de abrirle las puertas al *eros* sin el prerrequisito de la amistad de la pareja, y él se negaba a cualquier aproximación amistosa *(philia)* sin el *eros*. La trampa psicológica también se hacía extensiva al *ágape*, ya que al estar frustrados y dolidos por la carencia que sentían, ninguno se preocupaba por el bienestar del otro. En conclusión, no estaban presentes ni el *eros*, ni la *philia*, ni el *ágape* en su relación.

La solución no era fácil, porque implicaba que ambos dejaran la obstinación a un lado y pensaran en el bienestar del otro; es decir, había que activar el *ágape* para lograr que la sexualidad y la amistad pudieran encontrarse dentro y fuera de la cama. En concreto, Mario debía mejorar su *philia*, *independientemente* de que Adriana pusiera a funcionar su *eros*, y Adriana debía mejorar su *eros*, *al margen* de que Mario se volviera más comunicativo y amistoso.

Como decía una canción de los años sesenta: «Hay medio mundo esperando / con una flor en la mano / y la otra mitad del mundo / por esa flor esperando», el orgullo inmoviliza.

Sólo con ayuda profesional fueron capaces de reestructurar e integrar (equilibrar, armonizar) cada una de las dimensiones afectivas en su justa proporción. Para asegurar una relación satisfactoria y en la que no haya sufrimiento, Adriana y Mario tuvieron que aprender una nueva manera de procesar la información. Los objetivos terapéuticos fueron los siguientes:

- *Identificar y reconocer* cómo estaban organizadas las dimensiones básicas del amor (*eros*, *philia* y *ágape*).
- *Cultivar* cada una de ellas para que alcanzara el nivel de satisfacción requerido.
- *Integrarlas* de manera equilibrada y flexible para que se manifestaran de manera oportuna.

Ambos aprendieron una nueva forma de leer e interpretar el amor que les permitió, a posteriori, producir los cambios necesarios. Descubrieron que la experiencia afectiva tiene una narrativa particular que es posible traducir y asimilar a la vida de pareja sin tanto sufrimiento.

Ama y no sufras está dirigido a cualquier persona que desee avanzar en su proceso afectivo, ya sea para fortalecer aún más los aspectos positivos de su relación, ya sea para dejar de sufrir inútilmente por amor. El lector no encontrará recetas mágicas (no las hay, y menos en el amor), sino la oportunidad de reflexionar sobre su vida afectiva y pensarse a sí mismo en relación con los otros.

La propuesta básica es que si se enlazan los «tres amores con que amamos» en un esquema de amor unificado, no sólo se incrementará notablemente la capacidad de disfrutar, sino que el dolor psicológico tendrá menos cabida.

El amor no tiene por qué producir sufrimiento si somos capaces de eliminar las creencias irracionales que la cultura ha inculcado en nosotros. Buda decía que la ignorancia es el origen de todo sufrimiento psicológico. De igual manera, un número considerable de pensadores y maestros espirituales ha llamado la atención sobre la importancia de pensar correctamente para no sentirse mal. ¿Somos ignorantes en el amor? Me atrevo a decir que sí. ¿Analfabetos emocionales? No creo, más bien sólo disléxicos, malos lectores.

En *Ama y no sufras* pretendo ampliar las ideas que expuse en *¿Amar o depender?* No sólo se trata de amar sin apegos (una de las principales causas del dolor afectivo), lo cual es un logro importante, sino de acabar con todo tipo de sufrimiento inútil relacionado con el amor.

El texto contiene nueve capítulos distribuidos en tres partes. En la primera parte: «*Eros*. El amor que duele», se indaga en la naturaleza desbordada del enamoramiento, el deseo, el erotismo y la patología de *eros*. En la segunda parte, «*Philia*. De la manía a la simpatía», se analiza la amistad de pareja y cuáles son sus componentes; y en la tercera parte, «*Ágape*. De la simpatía a la compasión», se examina el tema de la ausencia de violencia y la compasión afectiva.

Cada capítulo se completa con un apartado llamado «Para no sufrir», donde se relaciona de manera llana el contenido del capítulo con el sufrimiento afectivo y se dan sugerencias para, en lo posible, evitarlo.

Finalmente, el presente libro pretende aplicar las aportaciones de diversas disciplinas, como la psicología, la antropología, la sociología y la filosofía, al estudio del amor de una manera accesible para el lector, y tratando de mantener el nivel científico y la profundidad que la temática requiere.

PRIMERA PARTE

EROS

El amor que duele

Todas las pasiones son buenas cuando
uno es dueño de ellas, y todas son
malas cuando nos esclavizan.

JEAN-JACQUES ROUSSEAU

Todos los amantes son diestros
en forjarse desdichas.

HONORÉ DE BALZAC

Todos sabemos lo que es estar bajo el influjo del enamoramiento, ese sentimiento apasionado y adictivo en el que nuestras facultades y capacidades parecen debilitarse. Lo sabemos porque el cuerpo lo registra todo. En cada recodo de la memoria emocional está grabado el más elemental de los suspiros, la «dulce manía» o la «divina locura» de la que hablaban los griegos, esa mezcla de dolor y placer en la que la complacencia parece justificar cualquier grado de sufrimiento. ¿Cómo olvidar aquella exacerbación de los sentidos? ¿Cómo no querer repetirla otra vez, sin aspavientos, resignadamente, como un cordero feliz?

El *eros* es ante todo un amor fluctuante, turbulento y contradictorio. «Amor que aparece floreciente y lleno de vida mientras está en la abundancia, y después se extingue para volver a revivir...», dice Platón.[1] El *eros* nace y muere de tiempo en tiempo. Si todo va bien, se reencarna.

¿Cómo amar y no sufrir? Es algo difícil si creemos demasiado en el *eros*, si nos apegamos a él. «¿Por qué, doctor, por qué es usted tan negativo respecto al amor que siento?», me decía una jovencita atormentada por un amor pasional mal correspondido. Mi respuesta no fue muy alentadora: «Porque no es amor, sino enamoramiento». El amor pasional es dual por naturaleza, llega y se va, luz y sombra, afirma Octavio Paz.[2]

El *eros* es posesivo, dominante, concupiscente y, aun así, imprescindible. Es un amor orientado principalmente hacia la autogratificación, pero a través del otro, porque la excitación ajena excita. Me deleito con tu placer, que es mío, que me pertenece. No se trata de amarte, sino de ambicionarte en el sentido de apetecerte, como un postre. Como el único postre, si tú quieres y yo puedo.

Es verdad que el amor descentralizado y maduro requiere de *dos sujetos activos*, es decir, de dos personas con voz y voto. Sin embargo, a veces renunciamos gustosos a tal privilegio y aceptamos de manera relajada y lúdica ser el «objeto del deseo» de la persona amada; después de todo, ¿qué importa, si es de común acuerdo? ¿Qué importa si por un rato jugamos a ser «cosa» (cosificación amorosa, claro está) para volver luego al amor benevolente, al querer democrático y amistoso? El amor requiere de dos, pero sin dejar de ser uno en la fantasía.

Una mujer de cincuenta y dos años me comenta en cierto tono cómplice: «Yo sé que cuando él me pide que me ponga minifalda y le haga un *striptease* me desea mucho más de lo que me ama. Sé que me convierto en un fetiche... Pero ¿sabe qué? Él también se convierte en uno para mí. Me encanta verlo excitado y saber que puedo seducirlo con desenvoltura y libertad, sin mojigatería. Me siento la exhibicionista más descarada del mundo... Y a él lo veo como a mi dueño y señor por un rato, mi "amo", mi amor. ¿Y qué? Después volvemos a la realidad, felices y exhaustos. Él, voyerista y yo, exhibicionista: ¿no le parece una buena combinación?». Sin duda, sin comentarios.

El «amor pasional» se ha dado en casi todas la sociedades.[3] Por ejemplo, los egiptólogos hallaron cincuenta y cinco poemas de amor anónimos cuya fecha se remonta al año 1300 a. J.C.[4] La siguiente poesía, descubierta en uno de esos pergaminos, evidencia que la cuestión romántica no parece haber cambiado demasiado a lo largo de la historia:

> *Su pelo lapislázuli brillante,*
> *sus brazos más espléndidos que el oro.*
> *Sus dedos me parecen pétalos,*
> *como los del loto.*
> *Sus flancos modelados como debe ser,*
> *sus piernas superan cualquier belleza.*

Su andar es noble
(auténtico andar),
mi corazón sería su esclavo si ella me abrazara.

Los egipcios conocieron muy bien el *eros*. Lo demuestran los términos que utilizaron para designar el amor: «deseo prolongado», «dulce trampa», «enfermedad que uno ansía».

Por su parte, los griegos se refirieron al *eros* como un «mal crónico», «deseo instintivo del placer», «apetito grosero», «delirio inspirado por los dioses», «manía profética», «desmesurado», «demonio», «dolencia fecunda», «grandísimo y engañoso amor», entre otras muchas expresiones.[5]

Un joven que acudía a mi consulta expresaba así su amor doloroso: «Me duele quererla, es como una maldita enfermedad... Nunca estoy tranquilo... Cuando la veo y la tengo a mi lado estoy feliz, pero hay como una espina clavada en alguna parte de mí que me recuerda que ella no soy yo..., es otro ser... puede irse, dejar de amarme, morirse o simplemente cansarse... Siempre me falta algo, aun cuando la hago mía...». Dolencia fecunda, dulce trampa o miedo posmoderno: el fenómeno es el mismo, duele igual. Aunque la *idea del amor* se ha modificado a través de la historia, el *sentimiento* del amor apasionado no parece haber cambiado demasiado.

Sin perder de vista el realismo del día a día, analizaré tres aspectos del *eros* que nos llevan a sufrir casi irremediablemente: su naturaleza desbordada, el deseo erótico y algunas características del *eros* patológico o enfermo.

LA NATURALEZA DESBORDADA DEL *EROS*: EL ENAMORAMIENTO

Carlos era un hombre de treinta y cinco años, serio y circunspecto, que acudió a mi consulta debido a un déficit en sus habilidades sociales, y a un cuadro depresivo que había comenzado a manifestarse como consecuencia de la soledad afectiva en la que se encontraba. Su manera de ser, hosca y poco expresiva, le había impedido encontrar pareja. No se reía, no sabía contar ni disfrutar de un chiste y se vestía de negro de pies a cabeza.

Al cabo de unas semanas, cuando apenas habíamos comenzado el proceso terapéutico, me pidió hacer un alto para tratar un tema que lo tenía bastante preocupado. Había conocido a una mujer que le gustaba y no sabía cómo iniciar el flirteo. Así que le hice algunas sugerencias sobre cómo abordar a su posible pareja. Contra todo pronóstico, veinte días más tarde fui testigo de lo que podría llamarse un caso de «mutación afectiva».

Ese día, Carlos llegó a mi consulta totalmente transformado. Parecía otra persona, como si lo hubieran enchufado a una batería de cien mil voltios. No podía dejar de sonreír y su rostro, que antes parecía una esfinge de granito, mostraba ahora la expresión abierta y espontánea de la exaltación. Sus movimientos eran mucho más sueltos y su tradicional atuendo oscuro había sido reemplazado por un pantalón vaquero informal y una camisa a cuadros. Su mirada era más brillante, olía a perfume y mostraba una locuacidad amable y contagiosa. «Ya está —me dijo con satisfacción—. Me he enamorado... Me he enamorado...» Y se quedó como petrificado, mirándome fijamente a los ojos esperando una respuesta por mi parte; así que no tuve más remedio que felicitarlo sin saber con exactitud si mis congratulaciones eran justificadas o no. Entonces se echó hacia atrás y dijo: «Yo no pensé que existieran mujeres perfectas, pero sí las hay... ¡Y soy correspondido!... Me dijo que yo le gustaba... Sólo llevamos veinte días y siento que me pertenece desde siempre. ¿Usted no cree en las almas gemelas, en la predestinación? Esto le va a parecer raro. Algo le pasó a mi sexualidad... Antes era como un témpano de hielo y ahora me masturbo todos los días pensado en ella. La llevo aquí (señaló el corazón), aquí (señaló la cabeza) y aquí (señaló el bajo vientre). (Se echó a reír.) No me canso de verla, de hablar con ella.

(Vuelve a reír.) ¿Será que estoy soñando? ¿Por qué no me pellizca? ¡Hágalo, por favor! ¡Pellízqueme!... (Entonces lo pellizqué.) ¿Ve? ¿Se da cuenta? Es real, no es un sueño... Lo que no quiero es cansarla. Estoy pendiente de ella todo el día... Por ejemplo, estoy siempre listo para acompañarla a donde quiera ir... (Risa de nuevo.) ¿Usted qué cree? ¿Esto es amor, verdad?» Nunca más supe de él después de esa cita.

La estructura psicológica del enamoramiento (tomaré como sinónimos amor apasionado, amor obsesivo, deseo pasional o *eros* propiamente dicho) parece mostrar ciertos rasgos universales que incluyen una mezcla de romanticismo crónico, euforia y desvelo[6, 7, 8, 9, 10] (de más está decir que Carlos los tenía todos). Veamos cada uno en detalle.

- *Idealización del ser amado.* Se refiere a la magnificación de las cualidades de la persona amada sin tener en cuenta sus defectos, pasando por alto los errores o simplemente siendo incapaz de criticar el objeto de adoración.[11, 12] La ilusión de lo bello que genera este tipo de amor fue descrita por Stendhal[13] como la «cristalización del amor», un hermoso castillo en el aire detenido en el tiempo.
- *Exclusividad y fidelidad absoluta.*[14, 15, 16] El enamorado no concibe la infidelidad en ninguna de sus formas, pero no por convicción o princi-

pios, sino por pura incapacidad biológica: la mente y el cuerpo están ocupados en su totalidad por la persona amada, no hay espacio disponible para nadie más. «Sólo soy mujer para él, sin él no soy nada», decía una mujer orgullosa de su adicción.

- *Sentimientos intensos de apego y de atracción sexual.* Aunque la mayoría de las personas diferencian entre el gozo afectivo y el placer sexual, el enamoramiento los unifica de manera indiscriminada. Deseo y afecto se amalgaman y hacen que los individuos «enamorados» piensen que el amor y el sexo siempre van juntos.[17] Aunque los varones son más propensos que las mujeres a separar el sexo del afecto,[18] cuando el *eros* está enardecido las diferencias de género desaparecen: no somos ni de Marte ni de Venus, sino terráqueos apasionados, descompuestos de amor, colmados de deseo.

- *La convicción de que el amor será para siempre.* La idea de que existe un amor inmortal, eterno e indestructible, una especie de ave fénix que resucita de manera permanente de las cenizas del desamor o el despecho, es una de las creencias más comunes de los enamorados del amor.[19, 20] Quizá algunos boleros no sean más que el reflejo de lo que la mayoría de los humanos siente: «Reloj no marques las horas, haz esta noche perpetua...». Se trata de la eternidad afectiva, el amor en suspensión animada. La angustia que suele acompañar al *eros* no sólo proviene de la carencia, como veremos más adelante, sino también de la sensación irrevocable de que tarde o temprano la vida o la muerte pondrán término al idilio.

- *Pensamiento obsesivo sobre el ser amado.* Aunque los pensamientos sobre la persona enamorada son intrusivos y persistentes, no siempre son molestos, sino que más bien adoptan la forma de un rumiar autogratificante, un embelesamiento recordatorio del que el sujeto no quiere desprenderse. La memoria depende del estado de ánimo: cuanto mayor sea la alegría, mayor cantidad de recuerdos positivos y, por el contrario, cuanto más tristes nos encontremos, más recuerdos negativos tendremos.[21, 22] Parte de la satisfacción afectiva interpersonal se debe precisamente a nuestra habilidad de olvidar lo malo.[23] «¡Trato, trato de hacerlo, pero me es imposible... Sólo recuerdo lo bueno que hubo entre nosotros!», me decía una mujer que trataba de desapegarse de un novio poco conveniente.

- *Deseo de unión y fusión total con el amado.* El deseo que guía el enamoramiento va más allá de querer estar con la persona amada; lo que exige el enamorado es «ser uno con el otro». Una mujer casada que nunca había sido infiel cayó perdidamente enamorada del socio de su marido. La angustia por su «amor imposible» era tal que tuvo que ser medicada y recluida unos días en una clínica de reposo. En una de las visitas, expresó así lo que sentía: «Ya sé qué es lo que quiero... No piense que estoy loca, pero ya he entendido cómo calmar mis ansias... Lo que necesito es tragármelo, quiero devorarlo...». Esta necesidad «antropofágica» de no aceptar la separación por ninguna razón remite, tal como decía Fromm,[24] a una soledad existencial. Mi paciente expresaba de manera delirante la necesidad de una certeza afectiva inalcanzable: «Ser uno, aunque seamos dos».

- *Disposición a correr cualquier riesgo para conservar la relación*. No hay límite, el amor pasional no mide consecuencias. La supuesta «valentía» que mueve a los que sufren de enamoramiento no suele ser más que inconsciencia o incapacidad para medir las consecuencias negativas de su comportamiento; es similar a lo que ocurre en el caso de algunos trastornos mentales.[25, 26] Esta falta de autocontrol y la dificultad para tomar decisiones racionales pueden fácilmente convertirse en apego, y configurar un cuadro mixto de depresión y dependencia.[27, 28, 29]

Además de todo esto, en el enamoramiento intervienen ciertos componentes químicos que explican en parte el comportamiento que provoca. Se ha descubierto que la excitación romántica está directamente ligada a la feniletinamina, una sustancia estimulante y adictiva que cuando se eleva produce euforia y alborozo.[30, 31] También se ha reconocido, para desconcierto de algunos románticos, el papel que cumplen algunos transmisores cerebrales (dopamina, serotonina y noradrenalina) relacionadas con enfermedades mentales como los trastornos maníaco-depresivos y los trastornos de ansiedad.[32, 33]

Por otra parte, hay evidencia de que el amor no sólo entra por los ojos, sino por la nariz. El organismo exuda unos productos volátiles llamados feromonas que parecen actuar como señales bioquímicas que despiertan la atracción y el interés sexual. Se produciría una seducción a través del aroma, la esencia personalizada que explicaría en parte el fenómeno del amor a «primera vista».[34, 35] Conozco más de un caso donde la incompatibilidad ha sido más olfativa que psicológica.

La bioquímica del amor erótico podría resumirse de la siguiente manera:

a) En la lujuria o el deseo ardiente del sexo; cuya responsable es la testosterona.

b) En la atracción o el amor en la etapa de euforia, cuyas causas son las elevadas cantidades de dopamina y noradrenalina y los bajos niveles de serotonina.[36, 37]

Como puede deducirse de lo expuesto hasta aquí, el *eros* es muy complejo. Su naturaleza incluye el deseo y la pasión, una curiosa mezcla de dolor placentero y placer doloroso; la euforia y la exaltación, la necesidad de posesión, la sobreexcitación biológica (bioquímica y hormonal) y la desorganización del sistema del procesamiento de la información. El *eros* te elige a ti, no tú a él.

Para no sufrir

DISFRUTA DEL ENAMORAMIENTO SIN DEJAR QUE AFECTE TU INDIVIDUALIDAD Y TU SALUD MENTAL

- ¿Qué hacer entonces para mermar la angustia del enamoramiento? ¿Es posible preparar y fortalecer la mente para semejante asalto al corazón? Sí, podemos incrementar nuestra inmunidad al sufrimiento, sin que implique perder la sensibilidad por el placer y el gusto del enamoramiento. Se trata de darle un toque racional, un freno inteligente para vivir el *eros* con más tranquilidad y no salir lastimados (al menos, no tanto como vemos que le ocurre a la mayoría de la gente). Hay que reflexionar antes, durante y después del enamoramiento; racionalizar el deseo, al menos cuando sea necesario.

- Si el *eros* se desata de manera inesperada, la cuestión es más difícil de controlar. Tratar de convencer a un borracho o a un adicto al éxtasis en plena euforia de los efectos negativos del consumo de esa droga es perder el tiempo. Sin embargo, si has creado un esquema de defensa antes del enamoramiento, éste actuará de manera automática y atenuará el impacto. Te permitirá procesar el sentimiento de manera más saludable. Obviamente, tampoco se trata de adoptar un estilo «antieros», baluarte de los esquizoides, los mojigatos o los cobardes. El análisis sereno apacigua el espíritu, pero no le quita fuerza.

- Si quieres dejar entrar al *eros* en tu vida y disfrutarlo sin tanta angustia, debes crear algunos antídotos y, una vez creados, no olvidarlos. Uno puede entregarse «casi» totalmente durante el enamoramiento, pero eso implica dejar una pequeña área del cerebro libre de afecto, dispuesta y vigilante. Sería un caso similar al de las madres cuando duermen y despiertan ante el más mínimo movimiento de su bebé, pero no ante el resonar de un trueno. Hablamos de atención despierta, cuidado cortical, la teoría de Pavlov al servicio de la defensa afectiva.

- Es posible conseguirlo, si aplicas el *principio de la racionalidad responsable*. No eres una máquina afectiva que devora amor, aunque quieras. Gracias al pensamiento racional no te comportarás como una persona adicta y desesperada por sentir. Para sentir bien, hay que pensar bien. El afecto no aparece en un vacío de información, sino que en él intervienen tus creencias, tu sistema de valores, tu filosofía de vida y tus actitudes. Nunca eres «puro amor». La racionalidad responsable implica utilizar la razón de manera moderada e inteligente, sin reprimirse, pero sin dejar de lado totalmente el corazón. Tus sensores de alerta harán que puedas disfrutar de forma sana la relación. El enamoramiento sólo afecta negativamente a las mentes predispuestas a sufrir.

- ¿Quién dijo que no debe haber límites para el *eros*? Si tu compañero de enamoramiento te pide que te prostituyas porque necesita dinero, ¿lo harías? ¿No sería una línea divisoria para que el amor pasional se enfrente a la realidad? El amor no lo justifica todo, si no sería Dios.

- Hay una serie de creencias racionales o esquemas adaptativos que puedes ir construyendo, para luego internalizarlos y establecer así un cinturón de seguridad cognitivo contra la embestida del enamoramiento. Insisto, no hay que dejar de disfrutar el placer de amar o ser amado, sino saber cuándo es peligroso y cuándo no. El objetivo es alcanzar una sabiduría afectiva, una capacidad de discriminación. Cada vez que sientas, percibas o intuyas que tal o cual persona puede llegar a generar en ti enamoramiento, o cuando definitivamente ya estés bajo el influjo del *eros*, activa las siguientes cinco premisas. Lo ideal es que reflexiones sobre estos temas y *asumas una posición*, ojalá que sea en frío, para que con el tiempo elabores tu propio estilo afectivo. Practícalas y automatízalas, conviértelas en pensamiento.

1. *No idealices a la persona amada*
   - No distorsiones la información magnificando lo bueno y minimizando lo malo. No digo que te vuelvas una persona desconfiada, sino que intentes establecer un balance más o menos objetivo. La clave es: *sé realista*. Aunque te sientas fascinada por ese hombre, no te rindas a sus pies. Aunque ella parezca una diosa, no pongas cara de esclavo, controla la baba. El tiempo hace que uno vea cómo es realmente el otro, pero debe tratarse de un tiempo sin sesgos ni

autoengaños. Si adoptas esta actitud realista desde el principio o desde el momento en que descubres que estás enamorado o enamorada, el *eros* no podrá distorsionar la información. No hallar defectos al comienzo de una relación pasional es normal, ya que las hormonas merman la capacidad intelectual y la de observación. Sin embargo, si mantienes la calma mental, es decir, si procuras estar atento pese a la ilusión, no crearás un ídolo ni un monstruo de perfección.

- Además, ¿de verdad quieres un compañero o una compañera «diez»? Porque si eso es lo que buscas, deberías revisar tu nivel de exigencia. Recuerda: al inicio de un romance todo es color de rosa, todos escondemos los defectos y exageramos las virtudes. No te recuerdo esto para que te desilusiones, sino para que abraces un amor verdadero, de carne y hueso. ¡Qué fastidio tener una «superpareja»!

- Cuando idealizas a alguien es porque no te llena la persona tal como es. Además, la idealización produce un efecto de rebote: cuando se pasa esa fase, vuelves a la imperfecta realidad del ser amado y a la consabida desilusión. El *eros* es un embellecedor de tiempo limitado, y por eso es mejor «enfriar» un poco el procesamiento. La conclusión es que debes tener siempre activa la alerta naranja, la atención despierta y una percepción realista. Y, después, haz lo que quieras.

2. *Estar enamorado no implica renunciar a tu papel social ni a otras áreas de tu vida*

- No debes desaparecer para el mundo y sus placeres si el *eros* llega. Y no hablo de ser infiel, porque cuando se está en pleno enamoramiento nadie despierta tus apetitos, y por lo tanto no hay riesgo. Me refiero a que debes tener cuidado de no caer en el aislamiento social o de abandonar tus otras actividades. Si piensas: «¡Él lo llena todo!» o «¡Ella justifica mi vida!», estás cayendo al abismo. ¿Quién dijo que debes dejar a tus amigos o amigas anteriores o descuidar tu trabajo por culpa de un nuevo romance? ¿Por qué crees que estar enamorado es perder tu esencia básica? El *eros* nos lleva a pensar absurdamente que si no estamos todo el tiempo con la persona amada, la felicidad es incompleta.

- Desde el mismo comienzo de la nueva relación debes dejar claro para ti y para la otra persona que tu vida no se verá alterada en lo fundamental, en lo que eres, en tus gustos, en tus pasatiempos, en tu ideología. La unión debe ser mutua pero respetuosa, y eso significa «reestructurar la vida», pero no hacer borrón y cuenta nueva. Tu pareja no es el segundo mesías, por lo tanto no tienes que desbaratar lo que has construido a lo largo de los años. He conocido a más de un enamorado que bajo el influjo erótico intenta cambiar su personalidad, como si el *eros* se tratara de una revelación trascendente. No exageremos. Una cosa es deshacerse en besos y caricias, y otra volver añicos el «yo».

- Así pues, si el *eros* empieza a hacerte cosquillas, sé franco desde el inicio: *mis cosas, tus cosas* y *nuestras cosas*. Si crees que descuidar las otras facetas de tu vida es un «acto de amor», no te engañes: estamos hablando de puro enamoramiento y no de la *philia*, que es más racional. Si tienes vocación de dar (*ágape*), lo cual no es malo, espera un tiempo a que el *eros* repose. El principio del placer se disfraza a menudo de convicción: el *eros* te otorga el don del placer, pero merma tu inteligencia y racionalidad, por lo tanto tus «decisiones románticas» son sospechosas por definición. Dile a tu nueva pareja: «Bienvenida a mi vida, esto es lo que tengo, esto es lo que soy, esto es lo que voy a defender y esto es lo que estoy dispuesto o dispuesta a negociar».

- La conclusión es que debes amar sin dejarte absorber totalmente por el otro, no debes renunciar a tu manera de ser en brazos de nadie, ni abandonar a los viejos amigos, las aficiones o cualquier otro aspecto importante de tu vida para tener al *eros* contento y amarrado. La consigna es que te quieran o te deseen como conjunto o que no te quieran ni te deseen.

3. *El eros decae, no necesariamente se acaba, pero declina con el tiempo, así que no te ilusiones demasiado*

- Una vez más, hay que enfrentarse a la realidad. La magia no pervive más allá de lo que la naturaleza designa. El *eros* puede transformarse en algo diferente, e incluso quizá mantenga durante un tiempo su encanto original, pero el enamoramiento tiende a bajar de intensidad. Por lo tanto, no deberías sorprenderte de que uno de los dos (si tienes suerte, tú primero) empiece a desencantarse. No obstante, puedes poner los cimientos para que cuando el *eros* se calme, prospere algo nuevo y gratificante si te interesa. Obviamente, no digo que tengas que vivir tu experiencia romántica con la pesadumbre de que se va a terminar en cualquier momento; de lo que se trata es de mantener los pies en la tierra. Un pensamiento saludable sería: «Lo disfrutaré mientras dure, sin perder demasiado el norte».

- La química se agota, y no depende de ti que eso ocurra o no. De todas maneras, puedes establecer las bases para que el *eros* se transforme en *philia*. «Para siempre» es una mala idea, al igual que «todo», «nunca» o «nada»: estos calificativos caracterizan el pensamiento absolutista y dicotómico que se maneja entre extremos sin ver los matices.

4. *No dejes que la persona que amas ocupe tu mente, como si fuera un virus*

- Pensar en él o en ella todo el tiempo te quita energía, te idiotiza. Pelea con la obsesión. Amar no es desarrollar un trastorno obsesivo compulsivo. Puedes utilizar la palabra «¡stop!» doscientas veces, llamar a alguien, salir a la calle, gritar como un loco o leer algo divertido cuando te invada el pensamiento perturbador; pero lo más importante es tomar conciencia de cuánto espacio mental te quita el romance. Es ideal para esto tener un amigo o amiga que haga el papel de aguafiestas, que te sitúe en la realidad sin contemplaciones ni anestesia, que te señale el error y te haga ver que te estás apartando de la normalidad.

  El trato que hizo una de mis pacientes con su mejor amiga fue: «Voy a contarte cada vez que no soy capaz de quitármelo de la cabeza o cuando sienta que estoy exagerando. Tú, entonces, me pellizcas, me muerdes, me tiras un vaso de

48

agua fría o me das una patada, pero no me dejes asumir el papel de estúpida mientras esto dure». La posición es clara, los puntos de alerta están activados. «Mientras esto dure» significa mucho, es la aceptación de que el conjunto de las sensaciones que se están sintiendo no durarán para toda la eternidad.

La estrategia que utilizó mi paciente es conocida como la *técnica de Ulises* y consiste en poner el control fuera de uno mismo, si uno no es capaz de asumirlo. Recordemos que Ulises pidió a sus compañeros que lo ataran a un mástil y que no lo soltaran hasta que hubieran salido del mar de las sirenas, sin importar lo que dijera o hiciera, para evitar así ceder al hechizo de su canto.

- La conclusión es que hay que distraerse, ceder el control a otro, detener el pensamiento aunque sea placentero. La droga también lo es. Que te «guste» pensar todo el tiempo en ella o en él no es una razón válida; el principio del placer no justifica la locura.

5. *Si tu relación requiere que hagas sacrificios heroicos y esfuerzos denodados para mantenerla activada, no funciona*
   - El enamoramiento no es la *philia*, ni la convivencia en pareja, así que no vale la pena correr

riesgos inútiles para mantener una relación erótica que no se conserva a sí misma. No dejes que el heroísmo amoroso se te suba a la cabeza. Cuando te encuentres bordeando el precipicio de la insensatez, puede que ya sea tarde. El pensamiento que debes fortalecer es: «No haré nada que me dañe a mí o a las personas que amo de manera irracional o no justificada». Escríbelo en una o varias tarjetas y repártelas por todas partes, úsalas como un recordatorio. Si tienes que desgastarte mucho para que tu pareja siga contigo o para que el *eros* no languidezca, estás en el lugar equivocado o has entrado en el terreno de la adicción. El placer erótico tiene su propio motor, y si hay algo que no hay que hacer en el enamoramiento es esforzarse para generar placer, porque está implícito en él.

- La conclusión es que el enamoramiento es un estado emocional que te puede llevar a cometer cualquier insensatez, como por ejemplo casarte sin pensarlo demasiado, entregar tus bienes o tu vida. Una paciente, en el furor del *eros*, decidió dejarse contagiar de sida por su nueva pareja (llevaban juntos menos de un mes) como prueba de amor. Aún se lamenta del error.

AMOR Y DESEO:
EL *EROS* IMPRESCINDIBLE

El deseo mueve el mundo y a cada uno de nosotros. Desear, según el filósofo Spinoza,[38] es «perseverar en el ser» *(connatus)*, es el apetito, las ganas: «no es otra cosa que la esencia misma del hombre». O dicho de otra forma: el deseo nos impulsa a vivir lo más intensamente posible.

Analicemos dos afirmaciones que pueden destruir la autoestima de cualquiera: a) «Te amo, pero no te deseo»; y b) «Te quiero, pero no te amo».

En el primer caso, el contrasentido es evidente pues *no hay amor de pareja completo sin deseo*. El amor sin deseo es amistad pura *(philia)* o alguna forma de amor espiritual *(ágape)*. Ambos son válidos, sin lugar a dudas, pero insuficientes por sí mismos para formar una relación de pareja plena y saludable.

En el segundo caso, nos están diciendo que la pasión no es suficiente para ser amantes, que no habrá sexo, que el deseo se agotó, que no hay apetencia. «Te quiero, pero no te amo», quiere decir: «Siento por ti un cuasi amor, un amor subdesarrollado que se quedó a mitad de camino». Se trata de un afecto filial, sin pasión o con muy poca. Si alguien te dice que «te quiere» pero que no sabe «si te ama», es que no te ama lo suficiente, así que no pierdas el tiempo.

Una característica del amor pasional es que nunca se pone en duda. La evidencia del amante es abrumadora, no cabe el titubeo. Safo,[39] la poetisa griega, nos da una pista en su poema «Me parece igual a los dioses»:

> ... Lo que a mí
> el corazón en el pecho me arrebata;
> apenas te miro y entonces no puedo
> decir ya palabra.
> Al punto se me espesa la lengua
> y de pronto un sutil fuego me corre
> bajo la piel, por mis ojos nada veo,
> los oídos me zumban,
> me invade un frío sudor y toda entera
> me estremezco, más que la hierba pálida
> estoy, y apenas distante de la muerte
> me siento, infeliz.

Se trata del *eros* incrustado en el corazón de una mujer lesbiana hace más de 2.500 años. No hay vacilación, está todo dicho.

«Te amo, pero no te deseo», dice la novia crudamente después de siete años de relación. «Entonces no me quieres de verdad», replica él con desconsuelo, apelando a una coerción moral que no dará resultado. En realidad, ella le está diciendo que lo estima, que lo aprecia desde lo más profundo de su ser, pero lejos de la pasión, lejos del cuerpo que ya no se estremece. Es allí donde el amor de pareja pierde potencia, en los límites de la caricia que no seduce, en la ausencia del otro como amor carnal. El *eros* busca intimidad de piel, tocar y ser tocado; se realiza en el cuerpo a cuerpo, que no siempre es sexo crudo.

Si, como dicen algunos, el deseo no es importante para la vida amorosa, ¿aceptarías que tu pareja te amara y no te deseara? Si un genio malévolo te pusiera en la situación de decidir entre que te amaran o te desearan, ¿qué elegirías? La gran mayoría de las personas preferirían ser amadas a ser deseadas, porque el deseo se considera fugaz e incompleto, mientras que el amor se ve como trascendente e imperecedero. Es la cuestionable herencia de Platón: el cuerpo entendido como algo desechable o un mal necesario. ¿Qué elegirías entonces, erotismo sin amor o amor sin deseo sexual? Los que no somos maestros espirituales ni santos y ansiamos el juego erótico con la persona amada pediríamos todo o nada.

No digo que el *eros* sea lo único, ni siquiera lo más importante para la vida de pareja. La premisa es clara: el *eros* es necesario, pero no suficiente. Me pregunto: ¿qué haríamos sin la pasión por el ser amado, sin la conmoción, sin el rubor, sin el ansia por el otro? ¿No amamos más a la pareja después de disfrutarla, después de verla temblar y regocijarse en nuestros brazos? Si la respuesta es negativa, el amor está fragmentado, hay un desequilibrio que debe corregirse antes de que se produzca una ruptura definitiva.

En palabras del filósofo Comte-Sponville:[40] «El amor se nutre del deseo, el amor es deseo. El deseo no es otra cosa que fuerza de vida en nosotros, es capacidad o potencia de gozar». El deseo a favor de la existencia es un poder autoafirmativo, el motor principal que nos empuja a actuar en pareja.

El amor deseado: sexo y erotismo

¿Qué tipo de deseo caracteriza al *eros*? Deseamos muchas cosas en la vida, y no todo está relacionado con la persona amada o la sexualidad. Podemos desear un coche nuevo, ir de vacaciones, sacar una buena nota en la universidad, ir a una fiesta o tener ideales trascendentes, pero el *eros* del enamorado pasional sólo se realiza en la posesión del otro, tanto en lo psicológico como en lo sexual.

Deseo de posesión en el sentido de «tomar», «apoderarse» del ser amado de manera simbólica o de hecho: «Eres mía o mío», «Me perteneces», como el coche, la casa o cualquier otra posesión material. Un amigo, tras haber conquistado a una hermosa mujer bastante esquiva a sus insinuaciones, exclamó: «¡Al fin la atrapé!». El hombre ataca a su presa. La conseguí, la pillé y es para mí. La cuestión es adueñarse del otro, conseguir lo que falta: el *eros* conquista, se apropia, invade territorio, declara la guerra. Es el deseo irrefrenable de unirse a la persona amada a cualquier precio, aunque sólo sea una fusión ficticia, la sensación basta.

Deseo sexual: manifestado como sexo puro e instintivo, o también como erotismo (sexualidad inventada, recreada y humanizada). Si bien el sexo carnal tiende a perder intensidad con la familiaridad y el tiempo, el erotismo puede prosperar de manera ilimitada a pesar de los años: el animal se sacia con el objetivo fundamental de la reproducción; el hombre, en cambio, es insaciable en tanto posibilidad mental.

En el erotismo, el sexo no está exclusivamente al servicio de la reproducción, también está al servicio del placer, del goce de amar a través del contacto físico y los imaginarios. He conocido parejas de ancianos para quienes el erotismo, el juego y la picardía siguen tan vigentes como el primer día. Las arrugas, la flaccidez, las estrías e incluso la impotencia no son excusa para dejar de soñar con el sexo. Es la estética del placer lo que no se resigna ante la edad. Un hombre de ochenta y cinco años me dice: «Cuando me acuesto a dormir, la abrazo por detrás y le acaricio los pechos con suavidad... A veces le pongo la mano entre las piernas y ella deja que mi mano se deslice, y así nos quedamos hasta el día siguiente». La mujer, que estaba presente, se sonrojó y aclaró: «Pero, mi amor, cómo se te ocurre contar esas cosas al doctor... Qué va a pensar de mí...».

Con el erotismo, entramos en el cuerpo ajeno para trascenderlo, por eso un amor de pareja mojigato y escandalizado de sí mismo está destinado al fracaso. Una de mis pacientes, una señora de cincuenta y tres años, rezaba el rosario en silencio mientras hacía el amor con su marido, y le entregaba el sacrificio a Dios en nombre de los niños desamparados de algún lugar que no recuerdo. Un hombre, adicto a una de esas religiones fanáticas de corte sectario, sólo tocaba a su mujer cuando la biología se lo indicaba, pero lo hacía de mala gana, la única razón era que la testosterona era más poderosa que su fe. El deseo sexual inhibido o disminuido, la aversión al sexo, los problemas para lograr la excitación o el orgasmo, casi nunca son virtudes para la ciencia psicológica y psiquiátrica, más bien son considerados disfunciones sexuales que necesitan tratamiento.[41, 42]

Algunas parejas fracasan en su vida sexual por pura incompatibilidad, porque tienen estilos distintos o motivaciones dispares que a veces son irreconciliables pese a los esfuerzos de la ciencia. Ana acudió a mi consulta porque su marido mostraba ciertas inclinaciones que a ella le parecían inapropiadas: «No es que no me guste el sexo, pero mi esposo es demasiado... fantasioso... Necesita imaginarse cosas para estar bien conmigo, y eso me hace sentir mal...». Reproduzco aquí parte de una conversación que tuve con ella:

TERAPEUTA: Por lo que me dices, él necesita utilizar fantasías eróticas para tener relaciones sexuales contigo, ¿te he entendido bien?

ANA: Sí.

TERAPEUTA: ¿Podrías ser más explícita?

ANA: Me siento incómoda hablando de esto... Él se imagina cosas que no me parecen normales...

TERAPEUTA: ¿Como qué?

ANA: Que yo estoy bailando en una discoteca y la gente me mira... Moviéndome de manera sensual y cosas por el estilo... A veces se imagina que hacemos el amor en público...

TERAPEUTA: ¿Algo más?

ANA: Tener relaciones sexuales en un parque... Una vez me pidió que imagináramos que había otra persona con nosotros....

TERAPEUTA: ¿Alguien en especial?

ANA: Sí..., una amiga mía...

TERAPEUTA: ¿Eso ocurre con mucha frecuencia?

ANA: Una o dos veces al mes...

TERAPEUTA: ¿Te pide algo más que te incomode?

ANA: Le gusta mucho el sexo oral, y a mí me da un poco de impresión...

TERAPEUTA: ¿Sientes asco?

ANA: No, más bien pudor. No digo que sea pecado, sino que me parece incómodo. Él necesita de muchos requisitos para excitarse, música, incienso. A veces trae cremas y unos aceites pegajosos que me parecen horribles. Cuando eyacula, le gusta que yo me unte con su semen. Pero lo que más me molesta son las fantasías. No creo que eso sea normal... Pienso que debería bastarle conmigo.

TERAPEUTA: ¿Sientes que no te desea?

ANA: Pues, a mí sola, no.

TERAPEUTA: Por lo que dices, todas sus fantasías o sus «agregados» giran a tu alrededor.

ANA: Sí, pero yo me pregunto por qué no podemos tener un sexo más natural, más sano.

TERAPEUTA: ¿Piensas que el sexo que propone tu marido es enfermizo?

ANA: No sé, a veces lo he pensado. ¿Por qué no es capaz de hacer el amor como todo el mundo?

TERAPEUTA: ¿Cómo crees que lo hacen los demás?

ANA: Normal. Como dos personas normales.

TERAPEUTA: En los humanos, el sexo suele ir más allá del coito o la simple penetración, es lo que se conoce como erotismo. Es un salto por encima de lo biológico donde intervienen las fantasías, los juegos y otros añadidos; sin embargo, a mucha gente no le gusta y prefiere tener relaciones más formales. Tu marido tiene una manera de concebir el sexo distinta a la tuya; si te sientes forzada a hacer cosas que no quieres, es preferible que no las hagas.

ANA: Para mí debería ser algo más natural.

TERAPEUTA: Algunos psicólogos consideran que la sexualidad «natural» en los humanos es precisamente usar la imaginación. ¿Qué piensas de eso?

ANA: En mi caso no...

TERAPEUTA: ¿Has intentado adaptarte a algunos de sus juegos para ver cómo te sientes?

ANA: No soy capaz. Me molesta. Es como cuando se masturba. Siento que me rechaza, aunque lo haga abrazado a mí.

TERAPEUTA: ¿Tienes orgasmos?

ANA: No sé. Creo que sí. Ya no sé...

Los gustos sexuales de Ana eran muy distintos a los de su esposo. Ambos fueron remitidos a un programa de terapia sexual y de pareja. Después me enteré de que ninguno pudo adaptarse al estilo del otro y de que ella prefirió separarse a tener que participar en las fantasías que él le proponía, a pesar de que sólo fueran virtuales y ella fuera la única protagonista.

Más allá de cualquier juicio de valor, lo que resulta difícil de entender en este caso es que dos personas tan distintas en lo sexual tomaran la decisión de vivir juntas y casarse. Muchos individuos sobreestiman el poder del amor y subestiman el papel que juega el deseo sexual en la formación de una pareja satisfactoria. El resultado está a la vista.

El *eros* desbordado, que generalmente termina en violencia o desviaciones sexuales, también debe tratarse.[43, 44] Recuerdo el caso de un paciente que se quejaba porque su mujer no lo acompañaba en sus fantasías, que eran especialmente complejas. Una de ellas consistía en lo siguiente: él debía bajar a las veintitrés y cuarenta y cinco de la noche al garaje del edificio donde vivían, esconderse debajo de su coche y comenzar a masturbarse; a las doce en punto, su esposa, vestida con falda larga y botas rojas, debía subirse al coche y acelerarlo hasta que él eyaculara.

Como resulta comprensible, la mujer, abierta, tranquila y que solía acceder a las exigencias sexuales del hombre, no estaba muy contenta con semejante ajetreo. De manera razonable, ella no solicitaba que se acabaran los juegos sexuales, sino que se hicieran menos complicados y, en lo posible, a otras horas. Después de algunas citas, el hombre logró moderar su fetichismo. A diferencia de lo que ocurría en el primer caso, aquí no había una diferencia de fondo en lo sexual, ambos mostraban modos y gustos similares, así que congeniarlos no fue problemático.

Ubicar el punto exacto en que nos sentimos cómodos no siempre es tarea fácil. Sin deseo, el amor de pareja pierde su fuerza esencial, pero también es cierto que una relación de pareja no puede depender para ser feliz exclusivamente del número de erecciones. Hay gente que es más sexual que otra, y esas diferencias individuales pesan mucho al experimentar la sexualidad en pareja.[45]

De todas maneras la pregunta está abierta: ¿prefieres una pareja apasionada o fría? Las mujeres suelen responder que la prefieren «apasionada moderada», para no dejar de lado el ingrediente de la ternura. Los hombres dicen otra cosa: «No me importa que sea una ninfómana y que me abrume... Y que también me quiera, claro...».

La castidad no parece compatible con una relación de pareja completa y satisfactoria, al menos para los que no aspiran a la santidad matrimonial. ¿Te casarías con alguien que ha hecho votos de castidad? No niego que existan pruebas de amor desinteresadas que superen de lejos al *eros* y hagan uso del *ágape* (basta pensar en aquellas personas cuyas parejas sufren de alguna enfermedad terminal o que han sido víctimas de accidentes graves e incapacitantes de por vida); sin embargo, nada hace suponer que, en condiciones normales, el amor desinteresado y espiritual deba renunciar al erotismo. No hay que desertar del *eros* para aspirar a un amor más elaborado, ni suponer que con la vejez llega la frialdad. El *eros* siempre está embebido en el amor de pareja. El amor maduro lo incluye, lo acepta con alegría y lo disfruta. Nuevamente, Octavio Paz (véase la nota 2):

«El sexo es la raíz, el erotismo es el tallo y el amor es la flor. ¿Y el fruto? Los frutos del amor son intangibles. Ése es uno de los enigmas» (pág. 37).

El sexo asusta porque pone en duda la propia identidad. El *eros* nos lleva al abismo, nos confronta con nuestros orígenes y nos descubre aquello que preferimos ocultar por pudor o miedo. En la relación sexual, durante un lapso de tiempo indefinido, perdemos la orientación y el cuerpo del otro se convierte en nuestra única referencia; en él nos extraviamos. La vivacidad del instinto nos despersonaliza y nos arroja fuera de la razón. El *eros* es placer, no necesariamente alegría ni tranquilidad. El *eros* es subversión y alegoría. ¿Existe el sexo sin amor? Sí, es obvio, existe por doquier. ¿Y el amor de pareja sin deseo? Es difícil de concebir, al menos para un amor que pretenda alcanzar la plenitud.

Carencia y aburrimiento: «Ni contigo, ni sin ti»

Como ya dije antes, el carácter contradictorio del *eros* está fuera de toda duda. En el enamoramiento puro no hay felicidad completa, porque el enamorado no soporta la ausencia del otro, y tampoco hay satisfacción total, porque la expectativa es alcanzar el amor absoluto («Llenarme de ti»), lo cual es imposible.

Según un reconocido diccionario, «desear», además de estar relacionado con la apetencia sexual, tiene la siguiente acepción: «Aspirar al conocimiento, posesión o disfrute de una cosa». Es decir, aunque suene deprimente, se desea lo que *no se sabe*, lo que *no se tiene* o lo que *no se disfruta*. Es el deseo visto como carencia, como déficit: «Te amo porque no puedo tenerte, porque me faltas».

Sin embargo, concebir el deseo de esta manera es condenarlo al sufrimiento, porque si sólo puedo desear lo que no tengo, ¿qué pasa cuando lo obtengo?[46] Si el *eros* sólo desea lo que no tiene, ¿no pierde su sentido cuando satisface la necesidad, cuando obtiene lo que apetece?

Un ejemplo típico es cuando un hombre tiene una relación sexual con una mujer que acaba de conocer, atraído exclusivamente por su físico. Después del coito, los géneros se diferencian con claridad: cada cual toma su camino. Él quiere escapar con urgencia: la mujer que unos segundos antes ejercía el mayor de los embrujos, ahora pierde todo su encanto, el *eros* palidece y se impone el aburrimiento: *post coitum omne animal triste est*.

Para colmo, cuando él acaba, ella empieza: «Ahora que hemos estado juntos, dime qué piensas de lo que sientes y qué sientes de lo que piensas, y qué vas a sentir en el futuro, qué pensarás de mí, cómo me ves... Ya que nos hemos divertido, ahora tratemos de conocernos». El hombre entra por el sexo y llega al amor, la mujer entra por el afecto y llega al sexo. Al menos ésa es la tendencia en la que nos movemos.

El deseo también puede funcionar como un reto: el *eros* al servicio del orgullo. Una joven y bella mujer afirmaba: «Me gustan los hombres que no se muestran interesados en mí, los difíciles, los esquivos... No sé por qué razón ellos me despiertan la sensualidad, son sencillamente un trofeo... Verlos doblegados me excita...».

La contradicción del deseo erótico puede manifestarse además a un nivel más complejo y existencial que la simple aventura casual. En ocasiones, una dinámica cruel y dramática induce al amante a una retirada inexplicable: «Ansío tu presencia, pero después de unos momentos ya no te soporto... Y no es que te odie o me produzcas algún tipo de repulsión, sino que me aburro de ti... Pierdes el encanto cuando te muestras como eres, cuando dejas de ser un sueño para hacerte real... Curioso amor éste que sólo te ama en la ausencia... Únicamente te amo cuando no estás, como si fueras una visión, un amor fantasmal...». Placer logrado: muerte del deseo, aburrimiento. La trampa mortal del *eros*: «Te necesito cuando no estás y me aburro cuando estás».

Schopenhauer[47] vio claramente este proceso de autoaniquilación erótica cuando afirmaba que toda felicidad es negativa:

«Y una vez realizada la conquista, una vez alcanzado el objeto, ¿qué has ganado? Nada, seguramente, si no es haberse liberado del sufrimiento, de algún deseo, de haber alcanzado el estado que uno tenía antes de la aparición del deseo» (pág. 249).

Por eso el *eros* no alcanza a establecer las bases de un amor maduro y estable. Se necesita un deseo que no esté atrapado en el miedo a la pérdida, que se mantenga vivo a pesar del gozo y que esté apuntalado en algo más que la apetencia. En otras palabras, se necesita el *eros* al servicio del presente continuo, el deseo aquí y ahora: desear lo que tenemos, lo que conocemos y lo que disfrutamos.[48] Veamos un caso.

Fernando era un hombre joven que mantenía una relación a distancia con una mujer de su misma edad desde hacía dos años y medio. Se veían cada quince días y pasaban el fin de semana juntos. Desde el comienzo, la relación mostró un desequilibrio fundamental: ella tenía el pie en el acelerador y él a media máquina. Fernando entró en un conflicto letal: «No soy capaz de comprometerme, pero tampoco soy capaz de dejarla». Se mostraba quisquilloso con ella, peleaba por cualquier insignificancia y amenazaba con terminar la relación a cada rato; después, víctima de la nostalgia y el arrepentimiento, la llamaba para arreglar las cosas. La ambivalencia parecía irresoluble: en la lejanía, la deseaba, le daban ataques de celos, la acosaba por teléfono y le prometía amor eterno; en la cercanía, una vez se acababa el arrebato, caía en la más profunda y penosa indiferencia.

En las consultas la indecisión se hacía evidente. Cuando yo le sugería que se casara con ella, él exaltaba las ventajas de vivir solo, y si le mencionaba la ruptura, se aferraba a la relación. Si yo exaltaba las virtudes de la mujer, él hacía referencia a sus defectos, y si yo me concentraba en sus defectos, él la defendía abiertamente. «Ni contigo, ni sin ti.» Por un lado, sufría la presión de formalizar la relación, y, por el otro, la ambigüedad de un *eros* que lo empujaba cada vez más en sentido contrario.

Un día la cuestión tomó un matiz casi trágico: la «novia», harta de esperar, consiguió un nuevo admirador, menos ambiguo y mucho más valiente que mi paciente. Al ver que la iba a perder definitivamente, a Fernando le entró el pánico, y contra toda lógica, le propuso matrimonio. Ella, contra toda lógica, aceptó. A los seis meses de casados se separaron. Él aún suele llamarla cuando el deseo, la carencia o la soledad activan la nostalgia retrospectiva de lo que podría haber sido y no fue.

Dadas ciertas condiciones amorosas positivas, es decir, apareciendo en relaciones en las que exista *philia* y *ágape,* aunque sea en pequeñas dosis, el *eros* es capaz de trascender el instante placentero y disfrutar de la calma después de la tempestad. Domenico Modugno, en una de sus canciones, lo expresa así: «Sabes que la distancia es como el viento, apaga los fuegos pequeños pero enciende los grandes». Yo diría que enciende los fuegos bien repartidos y distribuidos. *Eros*, *philia* y *ágape*: la triple llama que se aviva con la lejanía.

¿Qué hacer, entonces? Disfrutar lo que se tiene lejos de la esperanza, de lo que «podría ser», de las quimeras; someternos al aquí y ahora de manera consistente. Conozco gente que no disfruta de un buen plato de comida porque sabe que se le va a acabar. La mala noticia, aunque sea obvio, es que *todo* se acaba. Las personas que queremos van a fallecer algún día, nosotros mismos moriremos, y no por eso hay que abandonarse al dolor y dejar de disfrutar lo que tenemos. Creo que la posición más sana debería ser la contraria: como no vamos a vivir eternamente, como somos materia perecedera, mejor intentemos aprovechar de manera intensa y penetrante cada momento. Una vez más: debemos gozar lo que *somos* y lo que *tenemos*, momento tras momento.

Krishnamurti[49] afirmaba que el deseo es placer proyectado en el tiempo, es decir, necesidad psicológica de perpetuar el placer y repetirlo hasta el cansancio. Así somos, pero es comprensible: ¿quién no quiere repetir con la persona amada? Yo lo llamo «apeguito» erótico, lo entiendo como una preferencia más que una adicción. De no ser así, sólo nos quedaría la opción tediosa de un deseo insatisfecho.

Dicho sea de paso, he visto a más de un fanático de la Nueva Era cambiar su opinión sobre el apego cuando el *eros*, muy a su pesar, lo alcanza. Toda la apología orientalista del desapego se hace añicos ante la fuerza embriagadora del amor pasional. Así, el enamoramiento que antes se consideraba una manifestación de la decadencia occidental, se ve en ese momento como una forma de santidad y misticismo. El *eros* es un hecho tan real y concreto como el aire que respiramos: negarlo es una estupidez; reverenciarlo, también.

Para no sufrir

DISFRUTAR LA SEXUALIDAD EN PAREJA LIBREMENTE

- Cuando una pareja se consolida, el *eros* debe seguir presente, rondando e inquieto. Una relación sin *eros* es como un organismo sin oxígeno. Si estás con una pareja estable y la amas de verdad, debes prestar atención a la sexualidad, es decir, debes alimentarla y cultivarla. No hay nada prohibido si no es dañino para ti o para el otro. Entonces, ¿cuál es el problema? ¿Por qué se instaura la rutina?

- El sexo debe ser creativo, juguetón, avanzado y descarado; debe hacerte descubrir quién eres en cada caricia. Una relación sexualmente previsible, plana e insulsa, acaba con el encanto del asombro. Si sientes que no hay erotismo en tu relación, no te resignes, saca a relucir tu rebeldía, activa la imaginación y si tu pareja se escandaliza, enfréntate a ella, comunícate, expresa tu verdadera necesidad, sin tapujos ni vergüenza. Nadie tiene que vivir reprimido ni esconder el deseo natural de su sexualidad por pudor o miedo al rechazo de la persona que ama. El placer es uno de tus derechos fundamentales.

- Una buena relación está basada en la confianza mutua, en las fantasías compartidas y en un erotismo disponible. No hace falta que tengas ganas de hacer el amor las veinticuatro horas, basta con que haya madera para encender el fuego, preludios, insinuaciones, picardía. Si tu pareja se ofende, te rechaza o no te comprende, puedes hacer un intento sincero de hablarle y explicarle tus razones, lo que siente tu cuerpo. *La técnica es la asertividad*: la capacidad de ejercer y defender los derechos personales. Pero si la negativa continúa, no te adaptes a la frialdad, no mates al *eros*.

- Si tu sexualidad es simple, elemental, casi animal, ausente de toda chispa, y no estás contento o contenta, insisto, arma el revuelo. No tienes que empezar una guerra, pero sí una batalla amistosa. Debes dejar claro que el amor que sientes no renunciará al *eros* jamás, porque no quieres un amor incompleto o filial. Mi experiencia profesional es que el mejor aliado del sexo es el sexo. Como una bola de nieve positiva que crece y se alimenta a sí misma, la sexualidad atrae sexualidad, el erotismo genera erotismo.

- La carencia no debe ser tampoco motivo de sufrimiento, sobre todo si eres mujer. La cultura ha reprimido tu sexualidad y a veces hay en ti un dejo de resignación erótica que se percibe en el miedo a ser censurada. Está claro que si tu pareja te critica por sentir demasiado, debes revisar tu relación de cabo a rabo. Alimenta tu *eros* femenino, no importa a quien le duela, crea sueños, inventa posiciones, disfrázate, embadúrnate de aceites, vuélvete pegajosa, resbaladiza, loca, lanzada, asusta a tu hombre, déjalo con la boca abierta, sin respiración. Que te mire asombrado y exprese un lacónico: «¿Qué te ha pasado?». Si no es tonto, estará feliz con el cambio. La sexualidad es una de las fuentes de placer más poderosas, es el abismo que nos conecta a la esencia desconocida, a lo arquetípico de donde vinimos y, quizá, hacia donde vamos, ¿por qué tendrías que renunciar a ella?

- «Ama y haz lo que quieras», decía san Agustín. Lo que quieras, si hay amor. Y si no hay amor, yo diría: «Haz lo que quieras, pero con cuidado». Y no hablo de una prevención puritana, sino de la que se debe tener frente a la propia salud mental. ¿Aventuras? Sí, pero sin que afecten la dignidad de nadie. Nadie debe sentirse utilizado ni se deben crear falsas expectativas frente al encuentro; tampoco hay que ir en contra de uno mismo en cuestiones de autoestima. La resaca moral y/o psicológica suele ser terrible para quien se arrepiente.

- Sin embargo, aun con todos los cuidados necesarios, aun si aceptamos el placer de una noche sin rumbo, debemos reconocer que es mucho mejor si el afecto está presente. Cuando hay amor y erotismo en cantidades suficientes al mismo tiempo, la sexualidad trasciende.

EN UNA BUENA RELACIÓN DE AMANTES O DE PAREJA NO EXISTE EL ABURRIMIENTO NI EL FASTIDIO POSCOITO

- ¿Después de hacer el amor con tu pareja sientes que has perdido algo en vez de haberlo ganado? ¿Llega el vacío, hay incomodidad o simplemente recuerdas que tienes cosas que hacer y te retiras? El amante puede estar orientado a conseguir exclusivamente el placer inmediato o también a disfrutar el poscoito, lo que permanece después de la tempestad, el regusto. Pregúntate qué sensación te queda después de hacer el amor, ése es el test. Una buena relación de amantes se extiende más allá del orgasmo, profundiza en otras afinidades distintas a las fisiológicas. No se trata de soportar a tu pareja después de haberte satisfecho sexualmente, sino de saltar a una nueva dimensión igual de placentera.

- ¿Sufres porque te gustaría que hubiera algo más que sexo? La retirada del *eros* es un examen que nos muestra el sustrato vital que une a los amantes. La biología no basta para que estés contento o contenta, algo similar a lo que ocurre cuando tienes hambre: una vez te alimentas, las ganas de comer desaparecen y la comida produce fastidio, excepto que seas un amante de la cocina y que lo que te una a la comida sea mucho más que saciar la urgencia. El buen gourmet, el que hace de la alimentación un arte, puede llegar a degustar más y mejor un alimento cuando tiene el estómago lleno que cuando siente apetito, porque las ansias de querer comer alteran el sabor en sí. Ningún catador de vinos podría hacer una evaluación satisfactoria si estuviera muerto de sed. Cuando el deseo sexual se aplaca, la percepción del otro se agudiza, se hace más clara y contundente. Cuando el *eros* se va, se abre una puerta más serena, más amable. Sin el peso del deseo podemos estar juntos de otra manera, si hay una base para ello.
- Si hacer el amor te conduce a la desazón, al sinsabor posterior, al retiro más que al encuentro,

a tu relación le está faltando *philia*. El placer sin alegría es una forma de masturbación a cuatro manos.

- La pregunta que debes hacerte, entonces, es qué posibilidades tienes de transformar ese aburrimiento, esa incomodidad esencial, en diversión. Pregúntale a tu pareja por qué se queda anclado o anclada en el silencio. ¿Hay ternura después del clímax, se acomodan los cuerpos en una postura en la que cada uno descansa en el otro de manera agradecida o hay repulsa? ¿Os quedáis cara a cara o espalda con espalda?

- El dolor llega cuando sientes el desierto después de la llamarada, cuando te das cuenta de que la entrega no es suficiente, que no prospera. Y apenas es comprensible. Pero no tienes por qué resignarte a la apatía del desamor, a la dictadura de una sexualidad que se agota a sí misma. Es preferible la soledad digna y sin conflicto que una relación incompleta. No digo que no lo intentes, sino que estés preparado o preparada para un posible resultado adverso. Los sufrimientos que no nos permiten crecer son inútiles.

- El *eros* necesita de la *philia* para ahondar en el amor, no hay vuelta de hoja. Hay amantes que se ven una vez por semana, hacen el amor y salen despavoridos hasta que la premura hormonal los empuja nuevamente al encuentro. Pero con la pareja estable uno espera más, quizá la confabulación, la conversación apacible, el último chismorreo, la honestidad que surge de forma natural cuando bajamos todas las defensas. Se trata de hacer el amor con el mejor o la mejor amiga, ésa es la esencia de un amante feliz.

- La mayoría de la gente que está afectivamente insatisfecha se autocompadece, se deprime, entona el mea culpa y se abandona al dolor en lugar de ser asertiva y expresar de manera abierta lo que está sintiendo. Una paciente afrontó así la cuestión: «Mira, esto no está funcionando, me aburro después de hacer el amor, después de tener un orgasmo lo que quiero es irme, y creo que a ti te pasa lo mismo. Sólo nos acerca el deseo. ¿Qué clase de relación es ésta? Te propongo que fijemos una posición clara y definitiva: o hacemos algo para cambiar este juego insulso o prefiero que esto se acabe y aburrirme sola, al menos estaría libre». A eso se le llama coger el toro por los cuernos.

- A manera de conclusión, podríamos decir que si tu pareja te dice que sólo necesita el *eros* y, sin embargo, tú esperas más, el problema está solucionado: no hay nada que hacer. Si, por el contrario, cuando el *eros* se aleja experimentas un gran vacío, concentra tu energía en comprender qué ha pasado con la amistad que antes os unía. Pregúntate qué le falta a tu relación, por qué te aburres cuando el *eros* se sacia, hablad de ello hasta el cansancio. Al pensar en sexo, primero salid, divertíos, dejad que unas copas de vino se os suban a la cabeza; en fin, pasadlo lo mejor posible y, sólo después, cuando la risa haya aflorado otra vez, buscad la cama. Dejad que el deseo se reinvente a sí mismo y se proyecte más allá del orgasmo; tú sólo debes preparar el terreno para recuperar la *philia*, o comenzar a crearla si no existe.

ENAMORAMIENTO Y ATRACCIÓN:
¿QUÉ NOS SEDUCE?

Los caminos que conducen al enamoramiento son innumerables. La historia personal, la edad, las condiciones concretas de vida, los gustos, los valores; en fin, el enamoramiento es multideterminado. No obstante su complejidad, hay algunos elementos que, tomados en conjunto, parecen aclarar un poco el panorama de por qué alguien nos gusta. Veamos en detalle cada uno de ellos.

Belleza y poder

Una mujer bella y coqueta puede resultar tan peligrosa como un hombre de billetera abultada. Cuando un varón está acompañado por una mujer muy atractiva, mejora su imagen social:[50, 51] *dime con qué mujer andas y te diré cuánto vales*. En el caso contrario, la predicción no se cumple: la evaluación de la mujer depende exclusivamente de su atractivo personal:[52] *no importa con quién andas, si eres bella, eres atractiva de todos modos.*

Uno de mis pacientes reunía todas las debilidades típicas masculinas respecto al sexo opuesto: le gustaban las mujeres mucho más jóvenes (de quince a veinte años menores), altas, delgadas, sinuosas, de pelo largo y rostro aniñado. Su vida amorosa se reducía a una lista interminable de rechazos afectivos similar a la de un Don Juan en decadencia: «Valgo lo que consiga, y no consigo nada». Los varones adictos a la belleza femenina suelen terminar solos, mal casados o con un cúmulo de separaciones en su haber.

La premisa más saludable para un hombre de aspiraciones estéticas exigentes es la siguiente: «Siempre habrá alguien mejor que tú, más fascinante o más seductor, que podrá desplazarte o resultar más atractivo para tu conquista de turno. Las mujeres muy bellas cuentan con un ejército de hombres a su alrededor dispuestos a todo para atraerlas». No digo que haya que buscar a una persona desagradable para enamorarse, pero una cosa es el buen gusto y otra muy diferente la adicción a la belleza. Las mujeres «normales» generan en los hombres inseguros una especie de tranquilidad erótica.

En casi todas las culturas, el rostro femenino de mayor atractivo es el de aspecto infantil: ojos grandes y separados, nariz y barbilla pequeñas, sonrisa amplia y cejas altas.[53] La búsqueda de este ideal de belleza funciona como una trampa para muchas mujeres que, tratando de ser hermosas, terminan en verdaderos cuadros adictivos.[54, 55] Aun así, sin pretender ignorar la responsabilidad que los hombres tenemos en esta carrera desenfrenada por alcanzar la perfección física, pienso que las mujeres se arreglan (maquillan, peinan, visten) más para las otras mujeres que para los hombres.

Veamos un ejemplo representativo de lo que afirmo. Se abre la puerta de un bar animado y entra una mujer cualquiera, no importa su edad o si está acompañada. De inmediato, como movidas por un resorte invisible, la mayoría de las mujeres presentes, sin el menor disimulo, dirigen su atención a la recién llegada. No es un simple reflejo de orientación, sino un fisgoneo consciente e intencional. Entonces, en milésimas de segundo, comienza un escaneo sistemático: pelo (teñido o natural), frente, párpados, ojos (color, forma y tamaño), nariz (retocada, no retocada o mal retocada), papada, calidad de la piel, tamaño del busto, proporción cintura / cadera, trasero (plano o respingón o tipo mandolina napolitana), piernas, marca y diseñador posible de la ropa que lleva puesta, forma de caminar, número y profundidad de arrugas, entre otras muchas cosas. Luego, hecha la evaluación, se termina la curiosidad y todo regresa a la normalidad: la recién llegada pasa a formar parte de la legión de observadoras que volverán a su actividad cuando otra mujer atraviese el umbral.

En una encuesta oficiosa que se realizó a ciento cincuenta mujeres que asistían a consulta psicológica, se les preguntó para quiénes se arreglaban cuando debían asistir a un evento social. La gran mayoría dijo que para los hombres, pero reconocía que de una manera u otra, tenía en cuenta a las demás mujeres: «Me arreglo para que ellas me envidien», «Me arreglo para mi pareja y, además, para que esas brujas no me critiquen», «Me arreglo para los hombres, pero sin olvidarme de ellas». Sólo a unas pocas, generalmente a las que tenían una autoestima elevada, les importó un rábano la opinión de las otras mujeres: «Me adoro y me adorno... El que se embellece es mi ego... Lo demás no interesa...».

Los hombres también criticamos a las mujeres, pero somos más toscos y menos detallistas al analizar los atributos femeninos. A los varones nos interesan más las protuberancias que las arrugas, más el color de la piel que la calidad, y no distinguimos tan bien entre lo artificial y lo natural.

Una de mis pacientes llevaba ocho cirugías estéticas con la intención de mantener activo el deseo de su marido. En una ocasión el hombre me dijo: «Cada vez que se somete a una cirugía, siento que estoy con una mujer nueva. El problema es que después me acostumbro y ya no es lo mismo». Claro que la novedad no puede residir solamente en las reconstrucciones anatómicas. El *eros* es una combinación de varios atributos entre los cuales se cuenta la atracción física, pero no es el único. Basta con observar la cantidad de mujeres bellas y voluptuosas que han sido reemplazadas por otras no tan hermosas o incluso feas. Algo similar ocurre con muchos varones poderosos que fueron sustituidos por hombres comunes y corrientes. El *sex-appeal* que mantiene el deseo vivo requiere de cierta picardía y encanto que no se obtiene siempre con dinero o cirugía.

En general, las mujeres ofrecen belleza y buscan seguridad económica, mientras que los hombres ofrecen una buena posición financiera y quieren a cambio belleza.[56] Por más que desespere a las feministas, posiblemente con razón, a la mayoría de las mujeres las atrae un varón con éxito. A las mujeres les gustan los hombres dominantes, inteligentes, ambiciosos, altos y fuertes;[56, 57] y si son atractivos, aún mejor.

Prestigio, poder y posición: las tres *pes* que emocionan a más de una. Cuando escucho decir: «¿Para qué un *jet* privado, un Mercedes-Benz descapotable, viajes por el mundo y una mansión, si no hay amor?», mi respuesta suele ser: «No cabe duda...

Pero si hubiera amor, ¿no sería bueno aprovechar también todo ese valor añadido?». El dinero es sexy, aquí y en la China.

Y en cuanto a la belleza masculina, opino que la fealdad no es tan atractiva para las mujeres como se ha querido mitificar. El dicho que asevera: «El hombre, como el oso, cuanto más feo, más hermoso», debe de haber sido un invento de los feos. Los hombres bellos, como Brad Pitt, producen tanto revuelo en las huestes femeninas como un terremoto; y ni hablar del impacto que generan algunos «maduros guapos» como Sean Connery o Harrison Ford.

Hago extensiva también a las mujeres la sugerencia que le hice a mi paciente adicto a la belleza femenina: *los hombres guapos y poderosos suelen tener un cortejo de admiradoras dispuestas a todo*. Competir con ellas, además de imposible, es estresante, ya que siempre habrá alguna más bella, más joven o incluso de más éxito. Es mejor fijarse en un hombre normal, ni tan alto ni tan rico, en uno que se acurruque en tu regazo de vez en cuando, que te pida consejo, que te haga sentir la mujer más hermosa y extraordinaria del mundo aunque no lo seas (¿qué importa la objetividad si nos sentimos amados?). Un hombre que pase inadvertido para la competencia proporcionará más calma y menos mala sangre.

La personalidad seductora

Un hombre bien parecido o una mujer con un cuerpo escultural pueden perder todo su encanto con sólo abrir la boca. Aun así, el *eros* no decae necesariamente ante la estupidez. Si la intención es tener tan sólo una relación sexual, aunque el cociente intelectual de la candidata o el candidato no sea precisamente alto, nos aventuramos al «sacrificio»: «No lo quiero para jugar al ajedrez, ni para casarme, ni para hablar de filosofía; lo quiero para llevármelo a la cama... ¿Queda claro?», me replicaba una mujer cercana a los cuarenta años encaprichada con un hombre de veintiséis.

El caso inverso también puede darse: hay personas no muy atractivas físicamente que, gracias a un buen repertorio sensual/seductor, pueden llegar a inquietarnos positivamente. Una mujer con un pantalón ajustado bien puesto y bien llevado puede provocar el delirio colectivo entre los varones aunque su cuerpo no sea perfecto; sin embargo, el mismo atuendo en una mujer mucho más hermosa pero sin estilo tan sólo consigue despertar el natural reflejo de orientación masculino. Un hombre bien vestido puede tener una forma de caminar tosca que le quite atractivo, mientras que otro puede mostrar un porte aristocrático que lo hace parecer interesante y hasta seductor, aunque no lleve puesta ropa de marca. Cómo manejamos el cuerpo, cómo lo movemos, cómo nos insinuamos, qué decimos y cómo lo decimos es fundamental para que el *eros* se active.

Una mujer exhibicionista y simpática puede «enamorar» a más de un hombre. De manera similar, un hombre que logre mezclar el aspecto de Tom Cruise con la soltura poética de Cyrano de Bergerac podría causar estragos entre las mujeres de corazón sensible. No olvidemos que a la mayoría de las mujeres el tono romántico y las palabras amorosas les causan un efecto igual o mayor que la apariencia física; no ocurre lo mismo en el caso de los hombres, quienes somos definitivamente más visuales que auditivos.[58, 59]

Recuerdo el caso de una paciente que era incapaz de tener fantasías eróticas: cada vez que le sugeríamos alguna visualización de imágenes sexuales, las «contaminaba» de afecto automáticamente; si le pedíamos, por ejemplo, que se imaginara desnuda con su marido en una playa, ella organizaba el argumento de tal forma que se veía a sí misma caminando abrazada a él y recostada en su hombro. Cuando se le insinuaba que pensara en una posición sexual específica que le generara placer, no podía hacerlo sin representarse una escena romántica en la cual su esposo, en pleno acto, la miraba a los ojos con ternura y le prometía amor eterno.

¿Iguales o distintos?

En ocasiones, el *eros* necesita un toque de misterio o de incertidumbre para funcionar bien; la aventura, el riesgo, lo desconocido y el reto pueden obrar como un factor estimulante en muchas personas.[60] En una investigación se invitó a un grupo de mujeres a que inhalaran el aroma de unas camisetas empapadas con sudor masculino, y luego se les pidió que escogieran las camisetas que consideraban más sensuales. La mayoría de las participantes eligió las prendas de los individuos que tenían un sistema inmunológico distinto al de ellas.[61] Cuando del *eros* se trata, el placer está en la diferencia.

Una mujer felizmente casada desde hacía ocho años, madre de dos hijos y absolutamente fiel, tropezó en una caballeriza con un joven instructor de equitación al que nunca había visto. A partir de ese momento, sin mediar palabra, el desconocido se convirtió en una obsesión para ella. Su descripción fue la siguiente: «Me quedé cara a cara con él... No comprendo qué fue lo que me pasó, es imposible explicarlo con palabras. Fue como si me lanzaran un cubo de agua fría. Quedé entre fascinada y petrificada, clavada en el suelo, boquiabierta, como si hubiera visto un fantasma. Él me saludó y yo no le contesté. El hombre no es atractivo, es poco refinado y nada culto. A mí siempre me habían gustado los hombres impecables y los ejecutivos de corbata, así que no me lo explico. Desde ese día no puedo dejar de pensar en él».

En realidad, la ciencia no tiene respuestas claras que expliquen la atracción sexual imprevista y aparentemente ilógica. ¿Elección inmunológica, recuerdos inconscientes, un mecanismo de transferencia no detectado, necesidad insatisfecha, ganas de amar o simple naturaleza? En el caso de la caballeriza hubo un clic «inexplicable» que movilizó de manera vigorosa el deseo de mi paciente. Nunca sabremos con exactitud qué ocurrió. Seis meses después, el embeleso había pasado totalmente.

El *eros* trasciende lo cognitivo, lo razonable, los «debería» y muchas veces nos pone en situaciones que no logramos comprender. Podemos enamorarnos de nuestros peores enemigos (la historia está llena de ejemplos) y desear de manera irracional a quienes nos hacen daño (los consultorios psicológicos están repletos de pacientes con adicción afectiva). ¿Se puede llegar a amar al verdugo? Es algo difícil de comprender, como cualquier otra perversión, pero sí sucede.

Admiración/afinidad

No es que la admiración produzca orgasmos, pero crea las condiciones para que se den. Cuando vemos a una persona del sexo opuesto con algún atributo que admiramos, la mente orienta de inmediato su atención hacia él o ella; nos interesamos y la observamos de un modo especial (incluso le perdonamos algunos defectos físicos). La admiración funciona como un moderno y evolucionado sistema de atracción que reemplaza los primitivos estímulos visuales por otros más sutiles y elegantes. Si la admiración nos lleva al «amor pasional», lo hace a través de un *bypas* que crea la cultura y exalta la mente.

Al *eros* casi nunca lo vemos llegar, por eso decimos: «Está enamorado» o «Se enamoró». No nos damos cuenta de cómo va evolucionando el sentimiento; simplemente ocurre, nos llega desde el exterior, ésa es la sensación. En cambio, en el caso de la admiración/afinidad podemos detectar la aparición del proceso afectivo, por eso decimos: «Me estoy *enamorando*». El gerundio implica algún tipo de *philia*, algo más que el *eros*.

En la admiración, lo erótico es indirecto. Por ejemplo, si nos gusta la música y estamos asistiendo al concierto de un pianista excelso, es muy poco probable que nos excitemos sexualmente con la ambientación (a no ser que los instrumentos sean nuestros fetiches), más bien nos encanta la majestuosidad de su ejecución, aplaudimos el don, erotizamos al intérprete, y lo hacemos conscientemente. No sé qué sustancias se dispararán en ese caso, pero hay un coqueteo virtual, una fantasía sofisticada de altos vuelos que nos sitúa muy cerca del *eros*; se trata de un *eros* más elaborado, pero *eros* al fin y al cabo. Para la gente sensible, el virtuosismo es un potente afrodisíaco.

Una persona brillante que además destaque en alguna área de nuestro interés ganará de forma automática puntos en su atractivo, incluso si no es muy bella físicamente. Eso no garantiza la aparición del *eros*, pero sus probabilidades se incrementan de manera notable. Dadas ciertas condiciones, podemos llegar al deseo o al enamoramiento desde la admiración o desde la afinidad, si no se convierte en tedio. Tener gustos similares, y no tener que explicar el chiste es sin duda un comienzo interesante.

Pongamos el caso de dos personas que comparten la pasión de un *hobby*, un deporte o una profesión. ¿No obrará entre ellos una forma de condicionamiento clásico donde, de tanto asociar a la persona compañera con la emoción positiva que nos produce la actividad, ella misma se convierta en placentera? Si nos une una pasión, ¿no habrá un carácter transitivo, una transmutación del deseo hacia el otro a partir de la coincidencia? Eso explicaría por qué muchos amantes son compañeros de trabajo o tienen vocaciones similares.

Insisto, en la atracción por admiración hablamos de un proceso psicoafectivo que no va directo al corazón, sino que pasa antes por la corteza cerebral; abre puertas y ventanas y se expone de modo consciente a que la pasión haga de las suyas. La admiración seduce, gana adeptos, genera curiosidad. Ya no se trata de iconos primitivos, sino de la cualidad humana; ya no es el penacho rojo o la cara pintada la que induce el acercamiento, sino el símbolo y la metáfora.

Aun así, debemos reconocer que la admiración no siempre alcanza el umbral del deseo. Hay ocasiones en las que el físico no ayuda, y no debemos olvidar que el cuerpo, en su sabiduría, también decide. Admiramos a muchas personas que no deseamos sexualmente, y deseamos a muchas otras que no admiramos. Recuerdo el caso de una jovencita muy atractiva cuyo mejor amigo se enamoró de ella. El problema era que la muchacha lo apreciaba y lo admiraba, pero no lo veía ni lo sentía como a un hombre. Veamos parte de una conversación que sostuve con ella:

TERAPEUTA: ¿Dices que él esta enamorado de ti?
PACIENTE: Sí, me dijo que yo le gustaba desde hace mucho... Pero no sé...

TERAPEUTA: ¿Por qué no le das una oportunidad? Estás disponible, rompiste con tu novio hace meses, ¿por qué no?

PACIENTE: Me gustaría, sí..., pero él no me parece atractivo.

TERAPEUTA: ¿No es tu tipo?

PACIENTE: No, no lo es.

TERAPEUTA: ¿Y no podría llegar a serlo?

PACIENTE: Es que nunca me han gustado los gordos. Yo le llamo «Gordis», cariñosamente. Además, yo soy más alta, le saco diez centímetros. Me siento muy superficial al decir esto...

TERAPEUTA: ¿Lo admiras?

PACIENTE: Mucho. Tiene infinidad de valores. Es bueno, me hace reír, me cuida, es inteligente, su familia me cae bien...

TERAPEUTA: Me estás describiendo al novio perfecto.

PACIENTE: Lo sé, y por eso me da rabia... No debería quedarme con el físico... Pero el hecho de que él sea buena gente no es suficiente para que tenga ganas de darle un beso.

TERAPEUTA: Entiendo, no debes hacer lo que no te apetezca. No tienes por qué violentarte. El amor es así, no siempre coincidimos.

PACIENTE: Sí, es verdad. No tengo la obligación de quererlo o de que me guste. Yo sé que el amor no se impone, usted ya me explicó eso. Pero de todas maneras me siento mal...

Con el tiempo, la amistad no aguantó tanta tensión y cada cual siguió su camino. Pese a las afinidades, el *eros* estaba ausente. El organismo se inclinaba hacia otro lado, faltaba la magia del deseo, el clic que ya vimos. Rousseau decía que «por encima de la cabeza está el corazón», y Pascal afirmaba que «el corazón tiene razones propias que la cabeza nunca podrá entender».[62]

De todas maneras, la admiración y la amistad nos enseñan que el *eros* no siempre llega como una tromba. En ocasiones lo hace con ternura, como una brisa suave, como un reconocimiento silencioso. Veamos dos relatos que ejemplifican lo anterior.

El primero lo escribe un muchacho estudiante de música a su novia:

«Cuando te vi por primera vez, me gustaste en seguida. Me agradaron tu olor, tu sonrisa, tu manera de caminar. Eras coqueta y tenías un cuerpo espectacular. Me fijé en un hoyuelo y en la forma recta de tus hombros. Sentí una atracción profunda, casi musical. Y me enamoré de inmediato. No hubo agitación ni desesperación, sólo una sensación de paz indescriptible».

El segundo es parte de una poesía, «Nacimiento del amor», de Vicente Aleixandre, premio Nobel de literatura en 1977:[63]

¿Cómo nació el amor? Fue ya en otoño.
Maduro el mundo,
no te aguardaba ya. Llegaste alegre,
ligeramente rubia, resbalando en lo blando
del tiempo. Y te miré. ¡Qué hermosa
me pareciste aún, sonriente, vívida,
frente a la luna aún niña, prematura en la tarde,
sin luz, graciosa en aires dorados; como tú,
que llegabas sobre el azul, sin beso,
pero con dientes claros, con impaciente amor!

En cada ciclo de la vida, la pasión adopta distintas formas de expresión; no obstante, más allá de la indiscutible fuerza que la define, hay un trasfondo que permanece estático, inalterable al tiempo, una consigna que aún está por descifrar.

Para no sufrir

TIENES DERECHO A SENTIRTE ATRACTIVA O ATRACTIVO, INDEPENDIENTEMENTE DE LO QUE DIGAN LOS «EXPERTOS» EN BELLEZA

- ¿Sientes que tu pareja ya no te desea como antes? A veces, aunque nos parezca desproporcionado, no sentirse deseado puede ser tan doloroso como no sentirse amado. No gustarle a la persona que amamos es una catástrofe para la autoestima. Cuando el enamoramiento está en pleno furor, la atracción es un hecho incontrovertible, no importa que seas feo o fea, el *eros* hará que te veas como el ser más hermoso; el problema aparece cuando al cabo del tiempo el *eros* deja de cumplir su función embellecedora.

- Si tu autoimagen es buena, soportarás la caída del *eros*. No situarás la belleza fuera, sino en tu interior. No dejarás que los «expertos en belleza», que entre otras cosas no existen, definan tu valía estética. Si eres mujer, una vez más, el impacto del cuerpo es mayor. Te propongo reflexionar sobre los siguientes puntos para que los integres a tu «base de datos» y generes un esquema de inmunidad respecto a tu imagen corporal y a la posibilidad de seducir a tu pareja como mejor te plazca.

1. *Arréglate para ti, sin olvidar a tu pareja*
- Puedes entrar en la desidia sexual si tu pareja no te ve atractiva o atractivo. Si la crítica es que no tienes los ojos verdes o que no llegas a la estatura adecuada, no hay mucho que hacer aparte de indignarte y volver a pensar qué justifica seguir con una persona que no te desea. Recuerda que siempre habrá alguien a quien resultes atractiva o atractivo. Ahora mismo, en

algún lugar del mundo, hay alguien que estaría feliz de tenerte.

- No obstante, la mayoría de las veces se pueden hacer congeniar los gustos, al menos en lo fundamental. No digo que sea fácil, sino que vale la pena intentarlo. Si te gusta vestir siempre de manera informal y a tu pareja le gustas más de traje y corbata, puedes variar de vez en cuando, crear momentos especiales para darle gusto o alternar. No tiene sentido que defiendas los vaqueros como un principio moral no negociable. Si a tu compañero le gusta que te pongas faldas cortas de vez en cuando, ¿por qué no? Podrías argumentar que la falda no te queda bien o que te agradan más los pantalones, pero aun así, ¿no vale la pena revisar ese criterio y flexibilizar un poco tu estilo personal?

- Arréglate para ti, pero no olvides que la forma en que lo hagas influirá significativamente en el *eros* de tu compañero o compañera. Nadie duda que la pareja nos atrae más cuando se acomoda a nuestro fetiche, cuando exalta nuestros sentidos, sean cuáles sean. No subestimes tu apariencia. No te pierdas el placer de arreglarte y gustarte. No huyas del espejo: es verdad que es indiscreto, pero ayuda. Y si pese a tu buena intención tu pareja te rechaza, no te critiques ni te autocastigues, habrá alguien con mejor gusto. La belleza es una actitud, si te sientes bello o bella, lo eres.

2. *Exalta tus encantos y utiliza la seducción*

- Mostrar tus encantos naturales no es un acto de mal gusto ni de exhibicionismo barato, se llama sensualidad, coquetería; no es frivolidad, sino seducción. El *eros* responde a las insinuaciones, no obra en frío ni guiado por la objetividad. Tiene puntos sensibles que escapan a toda lógica, y ésos son los que debes activar. Pero si lo que crees es que el amor «puro» no necesita de galanteo y persuasión, vives fuera de la realidad.

- Una de las ideas más ridículas que se ha generalizado en nuestra cultura es que el amor erótico no requiere ningún otro ingrediente aparte del sentimiento mismo, es decir, si te amo, entonces *necesariamente* te deseo. Nada más erróneo. Precisamente, el descuido personal (no me refiero a la belleza, sino a la sensualidad) hace que con los años muchas personas dejen de desear a sus parejas aunque las quieran. Afecto sin deseo, hermanos del alma. ¿De dónde sacas que no debes seducir a tu pareja? ¿Has visto la cara de felicidad de tu marido cuando te insinúas de la manera que a él le gusta? ¿Recuerdas la expresión de tu esposa cuando decidiste ser romántico? El *eros* manda, pero hay que ayudarlo.

- Si estás sufriendo porque no te sientes deseada o deseado, piensa hasta dónde eres responsable de ello. ¿Cómo estimulas a la persona que dices querer? ¿Realmente lo haces, o simplemente crees que existe una forma de inercia erótica que se alimenta a sí misma? ¿Por qué crees que las parejas hacen el amor con más frecuencia cuando llegan de una fiesta? Es sencillo: se ven mejor, huelen mejor, están mejor vestidos, hay un toque sexy en esto del arreglo personal. A veces nos sorprendemos cuando en una fiesta cualquiera vemos a nuestra pareja deslizarse elegantemente entre la gente, y pensamos: «No está nada mal, si la viera hoy por primera vez me parecería atractiva y trataría de tener algo con ella». Pero después de un día de trabajo, la cuestión cambia. No es que no haya amor, de hecho la *philia* y el *ágape* pueden estar presentes, pero el *eros* necesita a veces maquillaje, menos barba, frescura, descanso.

- De ti depende mantener el *eros* en plena actividad. No obstante, si eres una persona tímida, inhibida o un tanto moralista, la cosa se complica. Si te sientes ridícula haciendo la danza de los siete velos, lo entiendo; pero si esa sensación también está presente cuando cruzas las piernas o caminas frente a un grupo de hombres que te mira, la cuestión puede requerir ayuda profesional. Una paciente me decía que ella se sentía como una prostituta cuando intentaba seducir a su marido, porque en el amor «verdadero» eso estaba de más. El hombre la dejó por una mujer fea y menos culta, pero con un atractivo especial para él: era sexualmente pícara y atrevida. No olvides que a veces llegamos al amor a través del *eros*.

- Sentirse atractiva o atractivo no es suficiente para producir en la pareja una conmoción erótica. Hay que tener un poco de personalidad seductora, y yo pienso que todos disponemos de ella. Si te lanzas al ruedo, descubrirás que eres mucho más sexy de lo que crees. En tu interior hay un animal sexual dispuesto a saltar y a soltarse de la rienda de los prejuicios. Puede ocurrir que tu pareja se asuste, es verdad, pero eso no justifica que te acomodes al discreto encanto de un sexo programado y sin imaginación.

- Cada pareja debe hacer su propia revolución sexual y revisar sus protocolos de seducción erótica de tanto en tanto. Tienes derecho a una vida sexual plena y saludable. Si no la has logrado, no te quedes añorando lo que podría haber sido y no fue. Métete el orgullo en el bolsillo e intenta conquistar a tu pareja sin sentirte humillado, busca sus puntos débiles, explora sus zonas erógenas, llega a su punto G, arrástrala a la locura. No hay malos amantes, sino malos estimuladores.

3. *La belleza física no es imprescindible para el placer sexual*

- La belleza física puede ser un disparador del *eros*, pero tal como dice el refrán: en la cama todo el mundo se parece. No suspires por no ser una supermodelo o un actor de telenovela. Es probable que en su vida privada ellos no sean muy distintos a ti, así que por pura estadística, la mitad son malos amantes. Humanízalos, bájalos del pedestal. A casi todo el mundo se le ha hecho añicos alguna vez la fantasía cuando la ha llevado a cabo. Si tan sólo cuenta belleza, a la tercera o cuarta relación sexual se pierde el encanto.

- Encajar sexualmente es mucho más complejo que el gusto estético. Se trata de compatibilidad anatómica, más que contemplativa. El olor, el sudor, el tipo de piel, la manera de apretar y soltar, el sabor de los besos, algunas curvas que se convierten en fetiche sin que nos demos cuenta, el ritmo y la cadencia al caminar, lo que se dice y cómo se dice, el preludio y el epílogo, el aliento, la ropa interior y exterior, la fortaleza y la ternura; en fin, todo esto junto y a la vez. ¿La belleza? Sí, también influye en el *eros*, pero no tanto como crees. La manera en que mueves tu cuerpo es quizá más importante que la propia forma del cuerpo.

- ¿Nunca te ha sorprendido que, en ocasiones, alguien que te atrae con fuerza no coincide con tu ideal de hombre o mujer? La química no está sólo en los rasgos o en una cara bonita; hay algo más primitivo, mucho más vital que nos indica «quién» es, aunque no tengamos claro «por qué» es.

- No niego que una persona muy atractiva físicamente pueda generar revuelo a su alrededor; sin embargo, pienso que los Adonis y las Venus están alejados de nosotros, muy lejos del promedio. Si tienes complejos respecto a tu aspecto físico, mira a tu alrededor y verás que la mayoría de los seres humanos están emparejados con gente común y corriente. No te rodees de personas que lo único que hacen es pensar en su aspecto físico; eres mucho más que piel y huesos; eres el conjunto vivo y armonizado de infinidad de atributos que pueden enloquecer de placer a cualquiera, si te lo propones.

LA PATOLOGÍA DEL AMOR ERÓTICO

Para los griegos, «enamorarse» era sinónimo de «enloquecer». El amante era el sujeto portador de la pasión y la amada o el amado un objeto pasivo que recibía ese amor. Con sólo contemplar al ser amado, el enamorado se debilitaba y quedaba paralizado y deslumbrado, como si lo hubieran herido con una flecha envenenada. No había espacio para la razón: el *eros* infundía *manía* (locura mística) y *nósos* (enfermedad).[64, 65]

En la actualidad, los viejos encantos del delirio amoroso son tratados a través de la psicoterapia y la farmacología. Ya no se considera a los dioses como los responsables de la exaltación afectiva, sino a las alteraciones bioquímicas y los traumas psicológicos.[66, 67, 68] De hecho, algunos investigadores han asociado el enamoramiento a un trastorno mental específico llamado hipomanía:[69, 70] una alteración cuya característica principal es la manifestación de un estado de euforia y optimismo exagerado. De manera similar a lo que ocurre con el enamoramiento, quienes padecen esta enfermedad son expansivos, promiscuos, exageradamente alegres, hiperactivos y arriesgados, lo cual las convierte en un fácil blanco para el *eros*.

Aunque no es lo más frecuente, en ciertas ocasiones la hipomanía puede llegar a ser, mientras dura, productiva y oportuna para quien la padece. Recuerdo el caso de un paciente de sesenta años que, cuando estaba bajo los efectos de la hipomanía, asumía grandes riesgos y lograba concretar los mejores negocios. En cierta ocasión, en contra de la opinión de la mayoría, el hombre compró diez mil sillas de playa y las vendió por el doble de su precio a la semana siguiente. Después de varias actividades comerciales afortunadas, los familiares me preguntaron si no era posible curarlo solamente «un poco».

La historia está repleta de artistas exitosos y genios que padecieron enfermedades maníaco-depresivas altamente fructíferas. Quizá por una cuestión de respeto a quienes las sufrían, se referían a ellas con términos más positivos, como «temperamento artístico» o «inspiración creadora».[71]

Retomando el tema de los «locos amores», podríamos decir que en determinadas circunstancias, cuando el enamoramiento se combina con ciertas predisposiciones a los trastornos mentales, el resultado puede ser una verdadera bomba de relojería y una fuente inagotable de sufrimiento.

Silvia era una mujer de treinta y siete años que no había tenido suerte en asuntos del corazón. A decir verdad, tan sólo había tenido dos experiencias afectivas: una en la adolescencia, que duró unas pocas semanas, y otra durante la época universitaria, que no trascendió más allá de unas pocas relaciones sexuales. No se sentía atractiva y consideraba que el amor no tenía cabida en su vida. Buscando aumentar el escaso grado de motivación que sentía, le sugerí que asistiera a un taller de escritores y que intentara recuperar una antigua vocación que había prevalecido en su juventud. Para mi sorpresa, al poco tiempo de comenzar a frecuentar las reuniones literarias, empezó a salir con el director del grupo, un hombre mayor, muy respetado en el medio y apetecido por las demás mujeres. Silvia no podía creer que semejante hombre se hubiera fijado en ella, lo cual le producía una mezcla de regocijo y miedo: «Me parece increíble que yo esté saliendo con él, me siento halagada, pero temo que se canse de mí...».

La relación siguió un curso más o menos normal hasta que tuvieron el primer encuentro sexual. El impacto fue tal que Silvia creyó que se trataba de un cuento de hadas: comenzó a dormir mal, a manifestar ideas de grandeza, a mostrarse hiperactiva y con una necesidad sexual exagerada. Cuantas más relaciones tenía, más se agudizaban sus síntomas. Finalmente, su estado derivó en un cuadro maníaco y no volvió a su casa ni al trabajo. Su familia la dio por desaparecida hasta que, una semana después, la encontraron en una ciudad balnearia, vagando por las calles y predicando un mensaje de bienaventuranza que, según ella, los apóstoles le habían entregado en persona.

La descripción que hacía Silvia de sus encuentros amorosos bordeaba lo místico: «Siento una luz que me ilumina cuando él me besa las piernas. Desde los pies nace una fuerza inusitada. Sus pies y mis pies, cuando se juntan, adquieren una forma única e irrepetible. Allí se gesta una energía extraordinaria, me transformo en alguien especial, él me transforma, soy su medio, su canal. Todo comienza en los pies, y desde allí se irradia a su rostro. ¿Ve? (lo dibuja), es así, anguloso, profético. Y sus ojos son tan profundos que no necesito que me hable, lo comprendo todo, lo sé todo. Sus besos son lentos, interminables; yo desaparezco en él y comprendo la vida. Todo queda claro...».

Tras seis meses de tratamiento psiquiátrico y psicológico, comenzó a retomar su vida. El amigo escritor hizo *mutis por el foro* y no quiso saber más de ella. Silvia se quedó con una mezcla de hastío y miedo a enamorarse. Su respuesta a cualquier insinuación de volver a conocer a alguien era determinante: «Estoy asqueada del amor, prefiero estar sola». Estaba decepcionada del *eros*.

Silvia era portadora de una vulnerabilidad genética, tal como mostraron los estudios, que se activó ante un acontecimiento afectivo altamente significativo para ella. En otras personas, el riesgo a sufrir por amor no depende tanto de la biología como de algunos esquemas psicológicos adquiridos durante la infancia. Algunos de ellos son:

- *Pérdida o abandono:*[72, 73] «Necesito compensar el vacío afectivo de mi vida y tener lo que nunca tuve, quiero resarcirme», «No soporto la soledad».

- *Necesidad de aprobación y perfeccionismo:*[74] «Necesito ser amado para afirmarme a mí mismo, y debo hacerlo de la mejor manera posible», «La opinión de los demás me hace feliz o me deprime».

- *Inamabilidad y dependencia:*[75] «Si me amaran, yo sabría que soy valioso y me sentiría protegido», «Necesito a alguien más fuerte en quien pueda confiar».

- *Personalidad histriónica:*[76] «No puedo vivir sin amor y sin que me adulen».

La interacción de estos esquemas psicológicos con determinadas experiencias afectivas puede generar alteraciones en la manera de procesar el sentimiento amoroso. Por razones de espacio, solamente me referiré a dos grupos de trastornos: las secuelas del *eros* (miedo a sufrir, anclaje emocional positivo y la adicción al amor pasional) y los delirios del *eros* (como el *celotípico*, que tiene que ver con los celos patológicos, y la *erotomanía*, que hace referencia a amores imaginarios).

Las secuelas del *eros*

1. Miedo a sufrir o el estilo represivo de afrontarlo

El enamoramiento, debido a su marcada irracionalidad, puede dejar secuelas de todo tipo. Una de las más comunes es el miedo a sufrir. Recordemos la actitud final que asumió Silvia: «No quiero saber nada, me he cansado del amor, ya no quiero sufrir». El coste del amor pasional es tan grande en ocasiones que no justifica el placer experimentado.

Una manera bastante común de defenderse de los estragos del *eros* es poner una barrera de «dureza emocional».[77] No significa que estas personas pierdan la capacidad de sentir, sino que bloquean mentalmente el afecto antes de que crezca y eche raíces: la mente dice no, aunque la fisiología diga sí.[78]

Veamos tres ejemplos típicos de cansancio afectivo:

«Me he cansado de sufrir, es mejor estar solo que detrás de un amor imposible», decía un hombre que llevaba más de tres años de «tira y afloja» con una amante que le prometía una y otra vez que iba a dejar a su marido.

«Ya basta, prefiero la depresión a la ansiedad», afirmaba una jovencita de apenas quince años con tres fracasos amorosos en su haber. Para algunos, la tristeza es menos dolorosa que la incertidumbre.

«No sé qué me pasa: cuando me enamoro, nadie me corresponde, ya no quiero ser la perdedora», me comentaba una mujer separada, que se había enamorado varias veces sin haber sido correspondida nunca.

Veamos un caso complejo, donde la paciente desarrolló una especie de «amorfobia» que aún perdura.

Clara era una mujer perfectamente normal hasta que sufrió un enamoramiento inoportuno, en el lugar equivocado y con quien no debía: se enamoró de su cuñado, el hermano de su marido, un hombre recién separado, muy inseguro y con tendencias depresivas. Clara siguió el patrón que suelen seguir algunas mujeres con un fuerte instinto maternal: primero sienten pena por el hombre y lo intentan ayudar; después se hacen cargo de él y, finalmente, terminan enamoradas hasta la coronilla. En algunas mujeres, la debilidad masculina funciona como un extraño estimulante que las empuja a «adoptarlos».

Durante seis meses ella vivió numerosas emociones negativas y muy pocas alegrías. El cuñado sentía tanta culpa como ella y había querido terminar la relación en varios momentos, pero Clara, estimulada por un *eros* fuera de control, insistía en que debían seguir a cualquier precio. Su actitud era cercana al desvarío. En una cita, me contó sus planes: «Me metí donde no debía, pero voy a pelear por el hombre que quiero. Yo sé que usted me dijo que una relación así no tiene mucho futuro. Sin embargo, no me daré por vencida. Si me separo, podemos irnos a vivir a otra parte, montar un negocio, o yo podría estudiar de nuevo. Mis hijos ya son mayores. Me llevaría algunas cosas de la casa. Tengo que hablar con mi marido, sé que me va a entender...». Cuando le dije que en estos casos es importante tratar de ser lo más objetivo y realista posible, me sugirió que en la vida había que ser más optimista y me dio una serie de consejos sobre cómo lograrlo.

Un día, cuando Clara estaba a punto de hacer público el romance y de enfrentarse a todo el mundo, el cuñado le comunicó que iba a volver con su esposa. A ella le entró el pánico (la realidad golpea duro cuando estamos en las nubes). Ante la desesperación de perderlo, amenazó con contárselo todo a la familia, incluso llegó a tener gestos suicidas para intentar manipularlo; pero el hombre ya estaba en otra cosa y un fin de semana regresó con su esposa.

Debido a todo lo anterior, Clara desarrolló un cuadro depresivo severo y todavía continúa en tratamiento especializado. No quedan recuerdos positivos ni nostalgias de lo que fue aquel amor arrollador, sólo prevalece una profunda aversión primaria. Se ha vuelto más fría con sus hijos, ya no cree en la amistad como antes y el deseo por su esposo desapareció sin dejar rastro. Está desengañada de la vida y del amor, al que considera una especie de demonio. Se trata de decepción y represión: la muerte del *eros*.

En algunos casos, la negación emocional adquiere ribetes aún más dramáticos y las personas configuran una *alexitimia* reactiva que se caracteriza por un bloqueo generalizado de *todas las emociones*, tanto las positivas como las negativas (*alexitimia* significa incapacidad de leer y procesar emociones). Esta inhibición afectivo-emocional puede perturbar la salud física de una manera significativa.[79, 80]

2. ANCLAJE EMOCIONAL POSITIVO Y LA ADICCIÓN AL AMOR PASIONAL

Si la persona que amamos nos dijera: «Lo eres todo para mí», «Mi vida sin ti no tiene sentido» o «Nunca dejes de amarme», tendríamos dos opciones de respuesta: la tradicional y la posmoderna.

En la versión tradicional, nos sentiríamos felices porque aseguraríamos la relación, aunque sea patológica. Es el ideal de cualquier enamorado inseguro o con baja autoestima: «Mi pareja sufre de apego crónico a mí. No me molesta en lo más mínimo, más bien me da tranquilidad...».

En la alternativa posmoderna, la noticia no sería buena: «Tengo una persona a mi lado que limitará mis acciones, que estará pendiente de cada uno de mis gestos y que se sentirá afectada por cuanto yo diga o haga». La defensa natural ante la pérdida de autonomía sería: «Te quiero, te amo, pero exactamente hasta donde llega mi salud mental y física». En otras palabras: amar sin suicidarse en el intento.

Como resulta evidente, la mayoría de las personas se adhieren al primer modelo. La cultura occidental ha establecido una asociación irracional entre amor y dolor, de tal manera que *si no sufrimos por amor, entonces no estamos enamorados*. Es la idea platónica de la pasión como ausencia, como miedo o como falta de plenitud.[81]

El apego amoroso es como cualquier otra adicción (juego patológico, drogas, alcohol).[82] El individuo dependiente del afecto presenta las siguientes características: adhesión exagerada a su pareja, síndrome de abstinencia en los momentos en que la persona amada no está disponible, intentos infructuosos y poco contundentes de terminar la relación, inversión desproporcionada de tiempo y esfuerzo para mantenerse cerca de la pareja y una clara reducción y alteración de su normal desarrollo social y laboral.[83, 84]

Un encuentro desafortunado con el *eros* puede dejar, al menos, dos secuelas adictivas básicas (ambas relacionadas con el pasado): anclaje emocional positivo y adicción al amor romántico.

El anclaje emocional positivo es una forma de inmovilidad mental que lleva a la persona a una fijación por las primeras etapas del enamoramiento. Se trata de una esperanza mal concebida que se sustenta de forma ilógica en la creencia de que *si al principio de la relación todo fue color de rosa, eso debe volver a ocurrir aunque la relación haya decaído sustancialmente.* Es decir, en ocasiones, nos quedamos anclados en los buenos momentos, creamos una imagen radiante y magnificada de lo que fue el comienzo del enamoramiento y queremos repetir.

Uno de mis pacientes se negaba a aceptar que su novia ya no lo quería como antes. Reproduzco parte de un diálogo que sostuve con él:

TERAPEUTA: Me dices que ella ya no es la misma, que se acabó la seducción, que ya no es cariñosa contigo e incluso a veces no te trata bien, ¿entonces por qué sigues con ella?

PACIENTE: Yo sé que ella me quiere, aunque no me lo demuestre igual.

TERAPEUTA: En realidad ella demuestra todo lo contrario. Pasear con otro hombre y besarlo frente a tus narices no me parece «un cambio en la manera de amarte».

PACIENTE: Después me pidió disculpas...

TERAPEUTA: Difícil de procesar, ¿verdad? ¿No estás cansado de sufrir y de esperar que ella recapacite?

PACIENTE: Sí, sí... Pero lo que vivimos fue tan maravilloso, ella fue tan especial conmigo.

TERAPEUTA: Eso fue hace ocho meses, eran otras condiciones, estabais en la euforia del encuentro inicial. Los comienzos siempre son encantadores. Lo importante es ver qué queda cuando el *eros* se calma.

PACIENTE: ¡Es que yo la quiero!.

TERAPEUTA: Pregúntate a quién quieres en realidad, ¿a la mujer que me describes ahora o a la que conociste hace unos meses? Esta mujer no es en la actualidad la misma que guardas en tu memoria. Ella ha cambiado, al menos ya no siente lo mismo por ti.

PACIENTE: ¿Quiere decir que estoy enamorado de una ilusión?

TERAPEUTA: Tu sentimiento tiene un componente de realidad evidente, ella no es en su totalidad un invento tuyo. Pero creo que estás enamorado de un recuerdo, amarrado al pasado feliz. Además, guardas la esperanza de que ese ser maravilloso aparezca otra vez en tu vida. Cuando pasó la tempestad de la pasión y la novedad, tú te quedaste con un remanente afectivo, ella no....

PACIENTE: ¿Y usted cómo sabe que ella no va a volver a ser la misma?

TERAPEUTA: No lo sé. Lo que me interesa saber es hasta cuándo vas a esperar, cuál es tu límite y tu resistencia psicológica. Recuerda que esto te puede enfermar seriamente. Cuando estás frente a ella, su cuerpo, su olor, su voz o su mirada activan tu memoria y la imagen que tanto añoras; eso te impide poder olvidarla o alejarte de manera definitiva. Insisto: esta mujer no es la que amas, amas a la otra, a la que ya no está.

El hombre tardó casi dos años en resignarse a la pérdida. La mujer incluso llegó a maltratarlo físicamente con tal de quitárselo de encima, y aun así él sólo veía a la novia dulce y amorosa de los primeros días. Hay que aprender a perder, sobre todo en el amor. Es preferible retirarse a tiempo cuando las opciones son pocas, renunciar para evitar un sufrimiento peor más adelante.

Un segundo tipo de apego es la adicción al amor pasional: los llamados «enamorados del amor pasional» o, desde un punto de vista más bioquímico y crudo, los adictos a la sensación que produce la feniletinamina. Si nos va bien con el *eros*, queremos repetir;

113

como en el caso de un adicto al *crack* o cualquier otra sustancia, el organismo busca persistir en la fascinación. Y es comprensible: ser alcanzado por el *eros* es como haber visitado el cielo, y la mente no deja pasar ningún placer intenso sin intentar retenerlo. Un «enamorado del amor pasional» es un adicto socialmente aceptado que trata de reincidir saltando de una conquista a otra. Platón lo describe así (véase la nota 5):

> «He aquí, joven querido, las verdades que debes meditar sin cesar, sin olvidar jamás que la ternura de un amante no es una afección benévola, sino un apetito grosero que quiere saciarse. "Como el lobo ama al cordero / el amante ama al amado"» (pág. 506).

No se debe confundir la adicción al amor con el miedo a la soledad o la necesidad de buscar compañía. La persona *sola* sufre de retraimiento, incomunicación o exclusión afectiva, así que hallar a alguien es una manera de aliviar la angustia. En cambio, para los adictos al amor pasional, lo importante no es el soporte emocional, el sosiego de tener un compañero, sino la sensación, el goce, la emoción. No es compañía o tranquilidad lo que busca el adicto a la pasión, sino exaltar sus sentidos.

Una paciente de veintidós años tenía un verdadero récord de aventuras. Su manera de actuar era congruente con la filosofía del desechable, aunque ella no era muy consciente de ello. No buscaba novio, sino enamorarse tal como lo había hecho en su temprana adolescencia. Como sabía que el *eros* aparecía en seguida, si a las pocas salidas con alguien no sentía lo que esperaba sentir, lo dejaba a un lado. De más está decir que su vida «amorosa» había comenzado a transitar por los incómodos y peligrosos caminos de la promiscuidad.

La gente suele pensar que cuantas más personas se conozcan, más posibilidades habrá de que el enamoramiento se concrete. Sin embargo, mi experiencia va en contra de esta afirmación de sentido común. La mayoría de las veces, el *eros* surge cuando menos lo esperamos; es como si la ansiedad por obtenerlo lo alejara de uno. Recuerdo una frase de Tagore que define bastante bien lo que quiero decir: «El amor es como las mariposas, si tratas de alcanzarlas desesperadamente, se alejan, pero si te quedas quieto se posan sobre ti».

Los delirios del *eros*

1. El delirio *celotípico* o los celos enfermizos

La característica posesiva del *eros* hace que muchos enamorados comiencen a desconfiar y a ejercer un control excesivo sobre su pareja. Una mujer recién casada con un hombre obsesivo y celoso me decía con angustia: «No me deja hacer nada, tengo que pedir disculpas a cada instante... Está celoso de sus amigos, de los vecinos, me huele la ropa interior... Y ahora quiere que coma mucho, ¡quiere que engorde para que parezca más fea, porque dice que así soy muy llamativa!».

Los celos son un estado emocional negativo que surge cuando alguien percibe que su relación amorosa se ve amenazada por una tercera persona, ya sea real o imaginaria.[85] Las reacciones afectivas que los conforman abarcan un amplio espectro: recelo, hostilidad, rechazo, ansiedad, dolor, depresión y, claro está, disminución de la autoestima.[86, 87] Aunque existen algunas diferencias culturales en la manera de sentir y expresar los celos, las reacciones fundamentales son bastante similares en todas partes. La manera en que piensa y actúa la gente celosa de Hungría, México, Holanda, Estados Unidos y la antigua Yugoslavia es prácticamente idéntica.[88] Por otro lado, los hombres y las mujeres sufren de celos por razones diferentes: los varones se preocupan más por la infidelidad sexual, mientras que las mujeres lo hacen más por la infidelidad emocional.[89]

Cuando los celos son totalmente infundados e imaginarios, decimos que son delirantes.[90] El *Manual diagnóstico y estadístico de los trastornos mentales* (DSM IV-TR) los define de la siguiente manera:

> «Esta creencia aparece sin ningún motivo y se basa en creencias erróneas que se apoyan en pequeñas "pruebas" (por ejemplo, ropa desarreglada o manchas en las sábanas que son guardadas y utilizadas para justificar la idea delirante). El sujeto con esta idea delirante suele discutir con el cónyuge o amante, e intenta intervenir en la infidelidad imaginada» (pág. 365).

Algunos piensan que en su justa medida los celos ayudan a mantener la relación. Mi opinión es que es al contrario. Si tengo que asustar a mi pareja para que reaccione, es que algo anda mal. Hay maneras más racionales y civilizadas de recordarle al otro que uno sigue allí. Una cosa es que la persona que tienes a tu lado sea atractiva y admirada por la gente (no es culpa de nadie, y hasta puede ser agradable que la alaben) y otra muy distinta que tu pareja se exhiba descaradamente para hacerte «sufrir un poco» y que así «descubras» lo valiosa que es. Es la pérdida anticipada como factor motivacional: «Te amo mucho más cuando pienso que voy a perderte». Además de ser indigno para ambos, el método es bastante primitivo. Los celos son un arma de doble filo que es mejor no utilizar.

2. EL DELIRIO EROTOMANÍACO O IMAGINARSE AMORES QUE NO EXISTEN

En cierta ocasión, una psicóloga amiga derivó un paciente a mi consulta porque el sujeto había desarrollado una idea delirante sobre ella. El hombre pensaba que su terapeuta se había enamorado de él. Fundamentaba tal presunción en que la doctora le rebajaba el precio de las sesiones y, según él, lo miraba de manera especial. De más está decir que ella era una mujer felizmente casada, recatada, seria y profesional.

En una cita, el paciente en cuestión escuchó que ella hablaba con su marido para acordar quién iría al colegio a buscar a sus hijas, y creyó detectar en esa conversación un indicio claro de que el matrimonio de su psicóloga era poco menos que un desastre. Llegó a la conclusión de que ella era víctima de un esposo cruel, y que él debía salvarla. Comenzó a llamarla a su casa, a tratar de hacerse amigo de la secretaria para obtener información confidencial y a escribirle poesías de amor, primero con seudónimo y luego con nombre propio.

Un día la esperó en la puerta de su casa y le expresó la idea de rescatarla de su marido. Ella logró convencerlo de que desistiera de su propósito y lo agarró del brazo para alejarlo. Aquello agudizó aún más los síntomas, porque el hombre interpretó el contacto físico como una caricia encubierta, un mensaje que significaba: «Todavía no, espera un poco más». Su percepción de la realidad estaba totalmente alterada.

En una entrevista, resumió así su sentimiento: «No crea que lo estoy inventando, yo sé cuándo una mujer me está seduciendo. Por ejemplo, ella me atiende con falda corta y, además, le brillan los ojos cuando me ve, yo me doy cuenta. Después de la pelea que tuvo con su esposo por teléfono, ella cambió de lugar el portarretratos donde aparecía junto a él y lo puso mirando contra la pared, ¿no le parece extraño? Voy a ayudarla a que deje a ese hombre, y después quién sabe... Hasta podríamos estar juntos...».

En el trastorno *erotomaníaco*, la idea delirante suele referirse a un amor romántico idealizado. El *Manual diagnóstico y estadístico de los trastornos mentales* (DSM IV-TR) lo define de la siguiente manera:

> «Por lo general, la persona sobre quien recae el sentimiento de amor ocupa un estatus más elevado (por ejemplo, una persona famosa o un superior en el trabajo) pero también puede ser un perfecto extraño» (pág. 365).

Una joven con problemas de obesidad asistió a un concierto de un conocido cantante; juraba que el artista la miraba a ella y le hacía guiños a casi cien metros de distancia y rodeada de más de cinco mil fans. A partir de ese día, comenzó una persecución implacable de su ídolo a través de cartas y llamadas telefónicas; incluso dijo estar embarazada de él. Sólo pudo controlar el problema cuando pidió ayuda profesional.

A veces he pensado que el amor funciona por acumulación: la necesidad de amar puede ser tan grande en el ser humano que vamos «haciendo ganas», amontonando impulsos y cargándonos de energía afectiva, hasta que un día no aguantamos más y estallamos con el primero que pasa. En *Amor, divina locura*, una novela que escribí con la intención de rescatar el concepto griego del amor, *Eros* dice lo siguiente:

«—El amor no llega de la razón, doctor —dijo *Eros*—. Primero nos enamoramos y después preguntamos quién es él o ella. Voy a explicarlo mejor. Nadie puede vivir sin amor, porque él es la fuerza que garantiza la unión de todo el cosmos. Si no amáramos, nos desintegraríamos y no podríamos pertenecer a este todo orgánico que llamamos vida, de ahí viene el nombre de «alma en pena», un corpúsculo solitario de vida sin poder realizarse en los demás. Pero de todas maneras, aunque nos neguemos a amar, el amor se va acumulando en el ventrículo derecho del corazón (ése es el lugar donde se almacena cuando no lo queremos utilizar). Podemos reprimirlo, esconderlo, pero no eliminarlo. Ese potencial no desaparece, está ahí, listo para desarrollarse. ¿Y qué ocurre cuando lo guardamos mucho tiempo sin procesarlo, sublimarlo o transferirlo? Se sale de su cauce, se desborda; y cuando esto ocurre, no tenemos más remedio que entregárselo al primero que pase. ¡Toma, te hago entrega de esta acumulación de afecto porque ya no sabía qué hacer con él! ¡Me enamoro de ti! Y ahí quedamos, entrampados. Ésa es la razón por la cual a veces nos enamoramos de la persona que no debemos».

¿Manía o entusiasmo?

Quizá haya una manera más benévola de tratar a los enamorados pasionales, como es hablar de entusiasmo y no de manía o hipomanía, lo cual no significa que debamos ignorar la patología que muchas veces acompaña al *eros*.

El diccionario define «entusiasmo» como: «Exaltación del espíritu ante algún hecho, espectáculo o situación»; en una segunda acepción como: «Adhesión fervorosa». Así que si alguien resolviera hacer una declaración de amor en estos términos, produciría más risa que éxtasis: «Cada vez que te veo se produce en mí una exaltación del espíritu» o «Siento por ti una adhesión fervorosa».

Estamos de acuerdo en que no toda pasión implica hipomanía, aunque sea algo similar. Podemos hablar de la pasión por la cocina, por el arte, por el fútbol; de pasiones que no necesariamente impliquen enfermedad. No obstante, lo contrario sí es cierto: no hay hipomanía sin pasión.

Siguiendo con las definiciones, la palabra «pasión» tiene dos significados: «Apetito o afición vehemente hacia algo» y «Acto de padecer cualquier perturbación o afecto desordenado de ánimo». Se entiende la pasión como placer y dolor conjugados. Una declaración de amor que se ciñera estrictamente a la definición de pasión señalada generaría un verdadero caos afectivo en el receptor: «Mi amor, siento un apetito o afición vehemente hacia ti» o «Mi amor, siento por ti una perturbación o afecto desordenado que me hace padecerte». Adiós idilio.

Pero hay una descripción semántica de «entusiasmo» que sí me gusta. Se refiere al origen griego de la palabra, cuya traducción es *en theós thimós*, que quiere decir: «Tener o sentir la fuerza de Dios en el pecho».

Y aquí la cosa cambia, la hipomanía se vuelve más benigna y la declaración de amor adquiere ribetes poéticos: «Cuando te veo, siento la fuerza de

Dios en el pecho». Se trata del ímpetu vital (*élan creador*) del que hablaba Bergson, y que le da sentido a la existencia: somos «energía lanzada a través de la materia».[91]

La premisa del amor sería entonces: «Amarte es sentir la fuerza de Dios en el pecho». ¿Dónde más se puede sentir el amor si no es cerca del corazón? No hablo del sexo puro, que se siente en otra parte, hablo de aquel amor pasional que, transformado en erotismo, se expande hacia arriba. ¿Cómo amar de verdad sin sentir a veces debilidad en las piernas y la piel de gallina? ¿Cómo hacerlo sin dejarse dulcemente llevar por el instinto? El entusiasmo es el *eros* saludable que te mantiene en ascuas y a toda máquina.

Para no sufrir

ELEGIR BIEN CON QUIÉN

- El primer paso para no sufrir, y quizá el más relevante, es elegir bien, o al menos reflexionar un poco antes de involucrarte, darte un tiempo para que puedas evaluar los pros y los contras, un tiempo en el que pensar sobre el futuro, aunque sea a corto plazo, durante unos días u horas. Se trata de un ensayo virtual que no suelen hacer los enamorados; me dirás que el *eros* no da tiempo, pero si estás vigilante, puedes verlo llegar como un rubor, una sensación de extrañeza o cierta inquietud en presencia de alguien.

- Si te ha ido mal algunas veces, lo más inteligente es revisar por qué ha sido así, sentarte con la cabeza fría a evaluar las causas. Es absurdo que te niegues el amor por miedo a sufrir. ¿Eres tan cobarde? Había una vez un gato que se sentó sobre un fogón prendido y se quemó la cola; a partir de ese momento, decidió quedarse toda su vida de pie. ¿Qué le faltó al gato? Capacidad de discriminación, la clave de todo aprendizaje: *dónde* y *cuándo*.

- Insisto, afrontar el miedo no significa cerrar los ojos y tirarse al abismo, sino abrirlos bien, elaborar estrategias dirigidas al problema, pensar. De ahora en adelante no dejarás que sea exclusivamente la emoción la que tome la decisión; esto no implica aniquilarla, sino calibrarla. Reprimirla sería como querer curar un dolor de cabeza cortándole la cabeza al paciente. De todas maneras, tengo una pregunta sobre la cual me gustaría que meditaras: si supieras que sólo después de diez fracasos afectivos consecutivos estaría esperándote la persona ideal, si ése fuera el requisito que te impusiera algún dios malévolo, ¿renunciarías a la felicidad de conocer a esa persona? ¿No pasarías por los diez obstáculos?

- Desilusionarte del amor es desilusionarte de la vida. No puedes vivir en el desamor sin enfermar, nadie puede. Afronta la siguiente relación con valentía. Junta el corazón con la prudencia para establecer una alianza estratégica que te permita moverte en los puntos medios. Haz también una evaluación consciente. Si no tienes claro qué falló en el pasado, seguirás dando tumbos. Debes elegir bien con quién vas a estar, ya sea para casarte (en ese caso es obvio) o para tener una aventura; debes tener claro quién te merece y quién no. No te regales, no dejes que la soledad decida por ti. Afina la puntería, ésa es la clave.

No confundas pasado con presente

- No es fácil que el *eros* se repita con la misma intensidad o que se mantenga con igual fuerza. Aun así, hay personas que, bajo la influencia de un romanticismo a ultranza, se estancan en los momentos brillantes iniciales, la euforia original, el asombro que genera el amor en sus primeras etapas. ¿Quieres repetir? Difícil. Quedarte anclado en *lo que fue* te impide ver *lo que es*, lo que tienes. Conozco a gente que no disfruta el presente porque no se parece al pasado.

- Las relaciones cambian: algunas evolucionan, otras involucionan; unas crecen, otras se acaban. Pero cada época tiene su encanto o su dolor. ¿Estás enamorada o enamorado del amor? ¿Lo que quieres es repetir la sensación? ¿Qué harás con todo lo demás que configura el vínculo afectivo? La relación es mucho más que emoción. El sentimiento es imprescindible, pero los demás componentes también. ¿Por qué reduces la experiencia afectiva a la mera emoción?

- Puedes argumentar que tu pareja al principio era más amable, más tierna y menos egoísta. Si es así, tienes razón en protestar, pero de nada te sirve la añoranza. ¿Pensar en lo que podría haber sido y no fue? Eso es perder el tiempo, es una forma de autocastigo, es provocarse uno mismo el sufrimiento. ¿Y si, en vez de lamentarte, actúas? El amor se construye día a día, es convivencia sentida y en movimiento; no puedes detener el tiempo para «sentir lo que sentías». Si eres de esas personas en las que se genera adicción al sentimiento, debes fortalecerte, pedir ayuda, sacar callo. Para no sufrir, debes concentrarte en el aquí y el ahora, no tienes otra opción; si no lo haces, confundirás la ilusión con la realidad, y eso sí es grave. Otra vez Tagore: «Si lloras por el sol, las lágrimas no te dejarán ver las estrellas». Y si no hubiera estrellas, tampoco se justificaría rememorar un sol muerto. Esto es lo que tienes: lo tomas, lo dejas o lo cambias.

Si hay enfermedad: necesitas terapia urgente

- Como pudiste deducir de la lectura del capítulo anterior, el *eros* puede degenerar en patología. No tengo mucho que decirte en este punto: si los celos se han enquistado en ti o en tu pareja, o si algún otro delirio te ronda, pide ayuda profesional. De acuerdo con mi experiencia, los celos son una enfermedad peligrosa, porque no sólo atentan contra la seguridad personal, sino que crecen a una velocidad pasmosa.

Entusiásmate, pero no enloquezcas

- Entusiasmarse y enloquecer son cosas distintas. El entusiasmo no te aleja de la realidad, sino que te aproxima a la vida con pasión; el amor enfermizo distorsiona la realidad y, por lo general, lastima a quien lo padece. En el entusiasmo creces como persona y te realizas; en la locura (hipomanía) te niegas a ti mismo. Siente el amor con todas tus fuerzas, vívelo intensamente, apasiónate, pero sin destruirte. La pasión saludable no implica perder la conciencia; por el contrario, la pasión maníaca es sinónimo de inconsciencia, de descuido, de torpeza.

- Lee el apartado «¿Manía o entusiasmo?» varias veces. Aunque sea corto, te pondrá en contacto con la pasión. Escribe en qué te excedes, separa las conductas torpes de las conductas inteligentes, quédate con los comportamientos que te permitan desarrollar tu potencial, elimina los que te idiotizan. Separa hipomanía de entusiasmo, pasión sana de pasión enfermiza. La pregunta está clara: ¿en qué fallas? Recuerda: contener al *eros* no significa aplacar su energía natural, sino saber utilizarla.

- Si eres correspondido, y si tu pareja no implica riesgos para ti y, además, te merece, pon el pie en el acelerador, deja que el deseo te posea, atiza la llama, permite que Dios se recree en tu pecho; deja que el *eros* haga de las suyas y te sacuda de pies a cabeza, que nadie te quite lo bailado: la vida es una fiesta y eres su invitado principal. Pero si tienes una duda, una sola, por pequeña que sea, pon el freno de emergencia. Si sientes que no te merecen, que la persona que te pretende no es de fiar, que no te ama ni te desea lo suficiente; o si intuyes que te quiere utilizar y, obviamente, no eres paranoide, levanta la palanca del freno, no sigas. ¿Para qué? ¿Se justifica el riesgo? Mejor, pon al *eros* en remojo. Y si aun con todos esos factores en contra insistes y persistes, ya no se trata de entusiasmo, sino de estupidez crónica. «Ama y haz lo que quieras», menos enloquecer, menos sufrir de forma innecesaria.

SEGUNDA PARTE

PHILIA

De la manía a la simpatía

El amor trabaja, es incansable.

MILAN KUNDERA

Te amo: me alegra que existas.

COMTE-SPONVILLE

La tendencia es inevitable, el *eros* declina con el paso del tiempo.[1] No se apaga necesariamente de manera definitiva, pero tarde o temprano la energía del *eros* decae. Algunos sostienen que es dentro de los tres o cuatro primeros años de convivencia cuando se da el mayor descenso;[2] y otros, más románticos y vehementes (generalmente más mujeres que hombres), afirman con énfasis que el amor apasionado puede ir mucho más allá de lo que marca la estadística.[3] Nos guste o no, la realidad se impone, y el ímpetu del *eros*, de la mano de la naturaleza y ayudado por la costumbre, se aplaca.

Parece que el final del enamoramiento también tiene una base fisiológica. Probablemente debido a que el hecho de que ningún cerebro soporta tanta euforia, el organismo se encarga de protegernos del infarto amoroso a través de ciertos componentes químicos niveladores. Los tres más importantes son: a) la *vasopresina*, que se activa principalmente en los hombres después de eyacular y los vuelve más responsables con la prole y también con la mujer;[4] b) la *oxitocina*, que se origina más en las mujeres y estimula la vinculación y el apego hacia los hijos y la pareja;[5, 6] y c) las *endorfinas*, que funcionan como un opiáceo, similar a la morfina, que serena la mente y diminuye la ansiedad.[7]

Pero la hormona que más se opone a la dulzura y la expresión de afecto es, sin lugar a dudas, la testosterona, sobre todo en los varones. La evidencia es concluyente: cuanta más testosterona se tenga, menos probabilidad de vivir en pareja y más violencia intrafamiliar.[8] La oposición cariño/testosterona se hace evidente en el siguiente hallazgo: después del nacimiento de los hijos, los padres tienden a bajar sus niveles de testosterona para poder desempeñar mejor su papel paternal,[9] una forma primitiva de responsabilidad posparto.

Así que el cariño, el afecto sosegado, la amistad o la *philia* poseen su propio cóctel bioquímico: altos niveles de *vasopresina*, *oxitocina* y *endorfinas*, y poca *testosterona*. El hipotálamo sintetiza la forma primaria de apego y ternura: la paz tras la guerra, la proximidad afectiva que se recrea en el silencio obligado que llega como un regalo.

Una mujer, después de haber cumplido seis años de matrimonio, me decía: «Obviamente no es lo mismo, ya no existe ese desespero, esa angustia por tenerlo siempre a mi lado. Al principio yo era celosa, pero con los años me tranquilicé. Somos buenos amigos y nos confiamos cosas. Incluso cuando hacemos el amor lo hacemos como dos buenos amigos, de forma amable... Pero no me malinterprete, como dos buenos amigos *ardientes*. La cuestión es de ida y vuelta, de dar y recibir. Mi marido no es un estorbo para mí, yo lo deseo, pero con calma, sin adicción. Las ganas no me pueden como hace años, yo las puedo a ellas. Creo que alcancé la combinación que usted me sugirió en cierta ocasión: tranquilidad y deseo. ¿Será que el *eros* sólo se aplaca hasta donde lo dejemos?».

Tranquilidad y deseo, juntos y revueltos: la base de toda buena relación. Pero ¿es posible lograr una relación tan equilibrada y realista como la que relata mi paciente, o sólo se trata de un caso especial y aislado? Mi opinión es que es posible si uno acepta que el *eros* no será siempre el mismo. En otras palabras: dadas ciertas condiciones, que señalaré más adelante, podemos conseguir que la pasión se mantenga en un punto medio interesante.

La tabla de la página siguiente resume algunas diferencias entre el *eros* (pasión/placer) y la *philia* (amistad/alegría) que han reseñado psicólogos, filósofos y escritores.

Eros	Philia
amor/pasión	amor/acción
amor/carencia	amor/alegría
amor loco	amor racional
amor unilateral	amor intersubjetivo
egocéntrico	descentralizado
enamorarse	amor
concupiscente	benevolente
reducción	expansión
exaltación	paz
deseo/carencia	deseo/potencia
fácil	difícil
adrenalina	oxitocina
más incontrolable	más controlable
bioquímico/emocional	cognitivo/racional
no se elige	se elige
decae	se profundiza
involuntario	voluntario

Estas diferencias no deben verse como una devaluación del *eros*, sino más bien como un complemento indispensable de la *philia* de pareja; esto no evita que, en ocasiones, el *eros* se convierta en un problema cuando se mezcla con la *philia*. Por ejemplo, si comenzamos a desear a nuestra mejor amiga, la amistad, queramos o no, entra en cortocircuito. La introducción del *eros* produciría, al menos, dos posibilidades: a) la amistad se acaba, o b) se transforma en algo nuevo que puede o no terminar en un amor maduro y estable. De todas maneras, en una relación de pareja completa y bien constituida, la *philia* debe estar impregnada del *eros*, y, a ser posible, bastante.

LA *PHILIA* Y EL AMOR CORTÉS:
UN BREVE REPASO HISTÓRICO

El significado de la palabra *philia* tiene que ver con el léxico que utilizaban los griegos para referirse al amor cariñoso, a las querencias familiares, amistosas o, incluso, a las relaciones de pareja. Tras la conquista erótica, en una fase posterior el amante podía desarrollar hacia su amada o amado un sentimiento de aprecio. Para los griegos de aquella época, la *philia* era un derivado, o una consecuencia casi inevitable, del *eros*. Había un momento en que el amante se convertía en amigo, y la manía se transformaba en simpatía *(philotes)*.[10]

Se podría decir que la historia del amor, en términos de *eros*, *philia* y *ágape*, evolucionó en un sentido similar a como se desarrolla en nosotros a medida que crecemos: primero se da el egocentrismo individualista del *eros*; después, el reconocimiento del otro como un interlocutor válido, las primeras manifestaciones de la *philia*.

Los historiadores coinciden en afirmar que el primer esbozo de esta descentralización afectiva, es decir, de la inclusión del amado como sujeto que piensa y siente, aparece en Roma y en Alejandría.[11] Estas grandes ciudades, abiertas al mundo, recibieron un influjo importante de otras culturas que las llevó a reestructurar muchas de sus costumbres y creencias.

Uno de estos cambios tuvo que ver con las reivindicaciones femeninas que lideraron las patricias y las cortesanas. Mientras los romanos se dedicaban a ganar guerras, las romanas ganaban su propia libertad. Todo empezó en el año 195 a. J.C., cuando un grupo considerable de mujeres se declaró en huelga de maternidad: no tendrían más hijos hasta que se derogara una ley que les prohibía vestirse de colores, llevar plata y alejarse más de mil pasos de la ciudad.[12] Vale la pena señalar que los «dueños» legales de las mujeres eran los padres consanguíneos, y no los maridos, lo que por un lado daba a las esposas cierta independencia económica respecto del cónyuge y, por el otro, la seguridad de un protector de por vida. En Roma y Alejandría comienza entonces a gestarse una visión menos mortífera y determinista del amor; hay más libertad de elección y equidad entre las partes.[13]

Es en el siglo XII en Francia, más específicamente en Provenza, donde los poetas inventaron el amor cortés, la *cortesía*, el amor amable y refinado. El origen de los trovadores y la poesía cortesana[14, 15] se atribuye a Guillermo IX, duque de Aquitania (1071-1127), un poeta provenzal que había participado en las cruzadas. Durante la Edad Media, se dio el paso definitivo hacia la instauración de un amor romántico mesurado, imaginado y fantaseado, más orientado a la *philia*, a la admiración de la amada, que al deseo sexual puro: para el amor se necesitaban dos y uno de ellos era mujer.

Un momento fundamental fueron las cruzadas, ya que no sólo cuestionaron numerosos paradigmas culturales, religiosos y sociales,[16, 17] sino que influyeron en la concepción machista que se tenía del amor. Debido a la ausencia de los señores feudales o a su muerte en tierra santa, los caballeros tuvieron que servir de manera similar a como los vasallos lo hacían con sus señores y amos bien a las damas que permanecían en palacio, bien a las viudas herederas. El nuevo lenguaje incluía epítetos como «mi señora», «mi noble dama», «soy vuestro humilde servidor», «vuestros deseos son órdenes», en fin, el reconocimiento lingüístico y sentido de una condición especial hasta entonces desconocida.[18]

Por otra parte, el contacto con la cultura árabe, una sociedad que respetaba mucho más lo femenino, generó una transformación en la percepción que los hombres tenían de las mujeres; por ejemplo, se descubrió que en Bizancio existía el culto a la Virgen María, y que los emires se declaraban sirvientes y esclavos de sus amadas. Consecuentemente, una nueva elite femenina emergió rápidamente en Europa; después de casi tres siglos de sometimiento, la nobleza femenina dominaba a los valientes caballeros de brillantes e impenetrables armaduras, para quienes el «amor cortés» se había convertido en una forma de purificación y distinción. El siglo XII, tal como dice Lipovetsky,[19] fue el comienzo de un canto al amor que nunca ha dejado de celebrarse:

«Jamás una creación poética logró transformar de manera profunda la sensibilidad, los modales y las relaciones entre hombres y mujeres como la invención occidental del amor» (pág. 15).

No obstante, el amor cortés, salvo algunas excepciones, nunca fue asimilado al «amor conyugal». Debido a que la legitimidad de los herederos era casi una obsesión para las familias acomodadas, el amor sólo era tolerado por las instituciones en tanto en cuanto fuese infecundo. Tal como explica el historiador Jean-Louis Flandrin,[20] en los siglos XVI y XVII las leyes habían proscrito el matrimonio por amor debido a su condición de riesgo para el orden social, y sólo en el siglo XVIII se produce una aproximación significativa entre amor y matrimonio.

Sin embargo, hubo que esperar casi dos siglos más, hasta los años sesenta, para que el amor se consagrara y se convirtiera en un concepto más universal. Hoy admitimos el amor sin condiciones, y hasta nos parece natural y saludable que los matrimonios se consumen por amor; sin embargo, no aceptamos con la misma facilidad que la separación se haga efectiva por desamor. Pero ¿a qué desamor nos referimos? Mucha gente justifica una relación sin *eros* y hasta con poca *philia*, pero, al menos en teoría, hay un acuerdo general sobre no negociar con la violencia interpersonal. Es decir, damos más peso al *ágape* al evaluar la convivencia. Entonces cabe hacerse otra pregunta: ¿no sería igualmente válido considerar como motivo de separación la ausencia del *eros* o la *philia*? Vivir sintiendo la indiferencia de alguien que no nos quiere puede resultar tan cruel y doloroso como ser golpeado. Ser rechazado sexualmente de manera sistemática por la pareja puede destruir la autoestima de una persona tanto o más que la agresión física. Obviamente, no estoy minimizando el impacto negativo de la violencia interpersonal e intrafamiliar; lo que intento señalar es que desde el punto de vista histórico hemos evolucionado hacia una concepción sesgada o compensatoria del amor: por evitar la pasión pura y carnal (el *eros*) hemos llevado el péndulo hacia el otro extremo, al de la compasión (*ágape*); hemos olvidado que el amor de la convivencia, la «amistad amorosa» *(philia)*, es quizá el ingrediente más importante de una relación de pareja con los pies en la tierra.

El amor cortés reconoció la existencia del otro como sujeto imprescindible del amor, pero no alcanzó a concretar en detalle la idea del amor amistoso, del amor conyugal, de la pareja en acción. Eso lo explica la *philia*.

LA AMISTAD AMOROSA:
EL NÚCLEO VIVO DE LA RELACIÓN

Una mujer kung san del desierto africano del Kalahari explica lo siguiente: «Cuando dos personas están juntas por primera vez, sus corazones están abrazados y su pasión es muy grande. Después de un tiempo, el fuego se aplaca y es así como permanece. Continúan amándose el uno al otro, pero de una forma diferente: cariñosa y dependiente».[21]

Algunos expertos en el tema del divorcio sospechan que los elevados porcentajes de las últimas dos décadas están relacionados, en parte, con la excesiva importancia que se otorga al amor romántico.[22] En la India, por ejemplo, y no es para desanimar a los enamorados, los matrimonios que están basados exclusivamente en el amor romántico reportan, al cabo de cinco años,[23] menos amor que los «matrimonios concertados». Parece que el sentimiento de amor romántico sigue un curso similar al de cualquier emoción primaria: sube, llega a una fase de meseta y luego tiende a extinguirse.[24]

Si alguien me dijera «Te amaré toda la vida», antes de ponerme contento, preguntaría: «¿De qué amor me hablas?». Y luego agregaría: «Si te refieres al "amor como estado", es decir, al amor pasional del *eros*, pensaría que te estás comprometiendo con algo que no vas a poder cumplir, que me estás tomando el pelo o, simplemente, que tienes una idea distorsionada o sobrevalorada del amor: demasiado optimismo para mi gusto. Pero si a lo que aludes es al «amor en acto», es decir, al amor trabajado, construido y ejecutado en el día a día (la *philia*), podría llegar a creerte, porque el cumplimiento de la promesa dependería de ti, de tu voluntad, y no de un sentimiento. ¿Podrías entonces aclararme a qué amor te refieres?». Es probable que la persona interesada no volviera a aparecer.

Pretender ser amigo anónimo de alguien no deja de ser una estupidez: «Soy amigo de Carmen, pero Carmen no lo sabe»; o como dicen los niños a veces: «Ella es mi novia, pero no lo sabe». El amigo se hace notar, se manifiesta, porque ésa es su esencia. La *philia* es afecto declarado, evidenciado en el vínculo y, por esa razón, lo que se concreta es lo que finalmente define la amistad: eres amigo en la medida en que te comportas como tal, no basta con sentirlo.[25]

La *philia* se aprende y «se hace» sobre la marcha. No sólo «hacemos el amor», también «hacemos la amistad» en términos afectivos. La experiencia de la amistad es tan reveladora en sí misma que no tenemos un lenguaje especial para explicar su desarrollo y afianzamiento. Si alguien nos dijera: «Ayer mi pareja y yo "hicimos la amistad", compartimos una buena película, cocinamos juntos, nos reímos, cantamos, leímos poesía y nos confesamos algunos sueños no realizados aún», pensaríamos que no está bien de la cabeza.

«Hacer la amistad», de eso trata la vida de pareja regulada por la *philia*. Es la alegría. ¿Alegría de qué? De que la persona amada ronde nuestra vida. «Amar es la alegría de que existas», dice Comte-Sponville,[26] inspirándose en Spinoza. Yo supongo que cuando dos personas coinciden en semejante declaración de amor, el universo entero tiembla, ya que el amor recíproco y coincidente siempre tiene algo de milagroso. Cuando cada uno se alegra de que el otro exista, ¿habrá mejor suerte, mayor dicha?

Pablo era un hombre que pasaba por la temible crisis de los cuarenta. Se había casado hacía quince años y, aunque llevaba una vida relativamente aceptable con su esposa y sus dos hijos preadolescentes, sentía que la rutina le estaba tomando ventaja. Su mujer era una buena compañera, pero él necesitaba emociones más fuertes: «Ya no vibro, el tedio me consume. Ella es una excelente mujer pero nuestra vida es insulsa, sigue siendo atractiva, pero se ha perdido el encanto, no hay entusiasmo ni sorpresa. Todos los días son iguales: llego de trabajar, ella habla con sus amigas, y yo me pego al televisor o al ordenador; los sábados salimos a comer fuera, y los domingos vamos a casa de mis padres».

Unos meses antes, Pablo había conocido a una mujer catorce años más joven que él, mucho más fogosa y enérgica que su esposa, así que no tardó mucho en apegarse a ella. Poco a poco se fue alejando de su familia, hasta que un día decidió separarse de su mujer e irse a vivir con su joven amante, pero el cambio no fue tan fácil. Pese a los buenos pronósticos, la experiencia no resultó como él pensaba: no es lo mismo verse dos veces por semana en un motel de la mano del *eros* o escaparse un fin de semana a la playa a disfrutar del sol, que convivir con la persona a tiempo completo o, incluso, a tiempo parcial.

Después de algunas semanas de convivencia, Pablo hizo un descubrimiento que lo dejó de una pieza: ¡su nueva consorte le generaba estrés! Era demasiado acelerada, no entendía sus necesidades y parecía incansable en cuanto a diversión y placer se trataba; odiaba la televisión, lo mimaba poco y no era muy amable con sus amigos. La amaba más de cintura para abajo que de cintura hacia arriba. Muy pronto el *eros* comenzó a verse afectado.

Un día cualquiera fue a buscar a uno de sus hijos y su ex mujer lo invitó a pasar y le ofreció un café. Se quedó hablando un buen rato con ella e hizo un segundo descubrimiento tan sorprendente como el primero: ¡su esposa lo comprendía a la perfección! En una cita me dijo: «Mire, doctor, cuando hablé con mi mujer sentí alivio. Podía ser yo mismo, no tenía que esforzarme por aparentar nada; descubrí que ella me conoce al dedillo y, lo más importante, me acepta. Me sentí protegido, de regreso a casa, ¿me entiende? Además, estaba muy linda. Y ocurrió lo que tenía que ocurrir. Algo renació entre nosotros...».

Pablo volvió a su casa en menos de lo que canta un gallo. Al otro día estaba otra vez junto a su «nueva mujer». ¿Qué había motivado su regreso? Era obvio que el motivo no era sexual, ya que ésa había sido precisamente su queja inicial. Entonces ¿de qué atracción estamos hablando? La respuesta es la *philia*. La tranquilidad, el acuerdo tácito que guía a los amigos y nos hace sentir que somos aceptados a pesar de nuestros defectos.

Su esposa estaba dispuesta a generar «emociones más fuertes», eso no es difícil de lograr si todavía hay algo de deseo, pero la amante no podía ofrecer lo otro, lo que se logra con los años: la sensación de estar «en casa» y con los amigos. Por eso y a eso volvió Pablo: al gozo de la amistad.

La amistad amorosa consiste en gozar de la persona amada sin angustia y con benevolencia: «Me alegra tu alegría, me complace verte feliz». El amor compañero es el cariño que sentimos por aquellos con quienes nuestra vida está profundamente entrelazada.[27]

Algunos psicólogos no ven con buenos ojos la amistad de pareja, y tienden a separar el «amor de compañerismo» de la libido. Por ejemplo, el psicólogo Sternberg, autor de *El triángulo del amor*,[28] dice al respecto:

«El amor del compañerismo es el resultado de los componentes de intimidad y decisión/compromiso del amor. Se trata, esencialmente, de una amistad comprometida, de larga duración, del tipo que con frecuencia se da en los matrimonios en los que la atracción física, una fuente primordial de la pasión, ha disminuido» (pág. 51).

Sternberg está equivocado. Hacer incompatible el «compañerismo de pareja» con el deseo sexual es crear una falsa dicotomía. ¿Quién dijo que el compromiso voluntario que nace del «querer amistoso» es irreconciliable con la chispa del *eros*? O posiblemente ocurra todo lo contrario, ¿no será que el sexo maduro, el que surge de la buena convivencia, tiene la cualidad, el cuerpo y el aroma de los vinos añejos?

No se trata de excluir la pasión del compromiso, sino de integrarlos en un amor más unificado y completo. Nadie niega que con el paso de los años la atracción física tiende a disminuir, pero tal como he dicho antes, la sal, el gusto por la relación, puede estar en muchos otros elementos.

El filósofo Vernant,[29] sin duda más realista, se refiere a la amistad de pareja como una relación entre camaradas:

> «Ser camaradas es ser amigos en el día a día. Cuando se ha comido, se ha bebido y se ha reído juntos, y se han hecho también las cosas importantes y serias, esta complicidad crea tales vínculos afectivos que sólo se puede sentir llena la propia existencia en y por la proximidad del otro» (pág. 203).

Se trata de *los compañeros de a bordo,* como decía Brassens en una de sus canciones. En los años sesenta la palabra «camarada» fue adoptada por el partido comunista para referirse a los que «militaban en el mismo bando y compartían las mismas ideas». Ésta es la dimensión política del amor: personas comprometidas con la misma causa, independientemente de que sean de derechas o de izquierdas. Suena bien.

Una «comunidad» es la *asociación* de dos o más individuos que tienen *intereses comunes* y que participan en una *acción común*. Entonces, la amistad amorosa es una *comunidad afectiva de dos que se desean*.

No solamente eres «mi amor», lo cual es entendible y hasta lógico porque te amo, sino alguien más fundamental, más cercano, más *philico*: eres «mi compañero». ¿Compañero de qué? De intimidad, de vida, de sueños.

Para no sufrir

EN UNA BUENA RELACIÓN DE PAREJA DEBE HABER ALEGRÍA

- Aunque ya me referí al tema del aburrimiento en otro apartado, voy a retomarlo aquí desde una perspectiva más emocional. La amistad de pareja implica sentirse cómplice del otro, tal como ocurre con los buenos amigos. Lo primero que debes preguntarte es en qué medida te sientes compañera o compañero de tu pareja. Y no me refiero a ser LA AMIGA o EL AMIGO con mayúscula, es decir, el mejor o el único (ya que eso sería un poco asfixiante), sino a que si realmente puedes contar a tu pareja entre tus mejores amigos.

- ¿Te alegras cuando estás con él o con ella? ¿Te hace falta? ¿Lo pasáis bien juntos? ¿Os reís?

¿Tenéis de qué hablar? Si la respuesta a estos interrogantes es afirmativa, hay buen clima. Recuerda que la alegría potencia el ser y la tristeza lo hunde. En algunas parejas el fastidio o la molestia es obvia. «¡Estoy feliz porque mi marido se ha ido a un viaje de trabajo!», me dijo en cierta ocasión una amiga. Le pregunté con curiosidad por qué estaba tan feliz, y me contestó que cuando él se iba, volvía a ser ella: «¡Me siento libre!», me dijo en un suspiro. Era evidente que algo andaba mal. No digo que tengas que hacerte el haraquiri cada vez que tu pareja se marche, los alejamientos breves son buenos, pero si saltas de alegría por su ausencia y la diversión comienza en el preciso momento en que se va, no estamos ante un amigo o una amiga de corazón, es probable que se trate más de un estorbo o de un mal necesario.

- Que quede claro: no hablo de embelesamiento, sino de gozo y simpatía. Si tu pareja te hace sonreír de vez en cuando, vas bien. Si no ves la hora de contarle tus logros o un problema que te mortifica, sigues bien. Y si a veces sientes un cosquilleo agradable cuando te encuentras sorpresivamente con ella, estás en el camino idóneo.

- Hay parejas que confunden la «alegría de que existas» con la «resignación de que existas». Se aguantan, se critican, se aburren: es la «alergia» a que existas, el hastío de que andes rondando mi vida, la carga de tenerte. Los amigos, por definición, son livianos.

- Una manera adecuada de saber si hay una buena amistad es comparar la relación de pareja con la de algún buen amigo o amiga, buscar similitudes y diferencias, pero sobre todo se trata de analizar cómo te sientes en un caso y otro. Compara las emociones: ¿sientes alegría cuando estás con tu pareja, o te invade el tedio? Es verdad que no se puede sentir alegría todo el tiempo, eso nos llevaría otra vez a la manía, pero el telón de fondo, el tono general, ¿es satisfactorio? ¿Te complace su compañía?

- Si no es así, la cuestión necesita nuevos aires, hay que revisar qué es lo que no está funcionando. Quizá el *eros* y el *ágape* no vayan bien y afecten a la *philia*; de hecho, es muy difícil ser amigo de alguien que nos hiere o nos rechaza. Sin embargo, a veces el problema es de simple convivencia o de aburrimiento: no hay vuelta de hoja, debe haber alegría, no es negociable la desgana o el fastidio, no es aceptable que te moleste su presencia. Un paciente me describía así los encuentros con su esposa: «Verla me genera malestar. El ochenta por ciento del tiempo estamos en desacuerdo. Ella se queja de que salgo con mis amigos, pero es que con ellos no me peleo, sino que lo paso bien. Con ellos me relajo, ella me genera estrés». En la amistad alegre, la proporción se invierte: el ochenta por ciento del tiempo lo pasas bien y el restante veinte por ciento discutes de forma amigable. La amistad de pareja se basa en algo más que deseo (*eros*) y compasión (*ágape*), yo diría que es una mezcla de gusto y humor. Los amigos se ríen y están de acuerdo en lo fundamental, ésa es la razón por la cual disfrutan al estar juntos.

- ¿Puedes prescindir de la *philia*?, la respuesta es categórica: no, no puedes, a no ser que se trate de una aventura y entonces el *eros* sea suficiente. No obstante, si tu pareja es uno de tus amigos favoritos, podrías acceder a una interesante combinación de *eros* y *philia*, placer y alegría juntos. Hacer el amor con el amigo o la amiga: ¿qué más se puede pedir?

¿QUÉ DEFINE UNA BUENA AMISTAD DE PAREJA?

Volvamos a una pregunta anterior: ¿podemos ser amigos de nuestra pareja? Los filósofos que han opinado sobre el tema muestran una gran variedad de posiciones.

Montaigne[30] sostiene que es imposible que los integrantes de la pareja sean amigos y da dos razones para ello: primera, que el *eros* estorba y, segunda, que la amistad merma el vínculo pasional. Para él, no hay salida: pasión y amistad se oponen.

Nietzsche[31] se muestra más optimista. En *Humano, demasiado humano*, dice: «El mejor amigo tendrá probablemente la mejor esposa, porque el buen matrimonio está basado en el talento de la amistad» (pág. 785). *Las buenas parejas son amigas.*

Platón, en el *Lysis o de la amistad*,[32] llega a la conclusión de que «no hemos podido descubrir lo que es el amigo». *La amistad es una incógnita,* así que mucho más la amistad de pareja.

Schopenhauer[33] afirmaba sin pizca de pudor: «Las mujeres, al carecer de inteligencia, sólo pueden ser aptas para los cuidados y la educación en la primera infancia, pues ellas mismas continúan siendo pueriles, fútiles y limitadas de inteligencia» (pág. 57). Un pensamiento misógino, *la muerte de philia*.

Finalmente, Voltaire[34] afirma: «Los demás sentimientos se entremezclan con el amor, como los metales se amalgaman con el oro: la amistad y el aprecio lo favorecen y la belleza del cuerpo y la del espíritu le añaden nuevos atractivos» (pág. 147). Es decir, *el eros y la philia pueden convivir y alimentarse mutuamente*.

Si consideramos que la amistad es una forma de amor disminuido, entraremos en crisis cuando la relación comience a ser gobernada por la *philia*. Pero si consideramos que la amistad de pareja es una dimensión más del amor que enriquece la vivencia afectiva, entonces trataremos de fomentarla y mantenerla activada. Y ésa es precisamente una de las ventajas de la *philia* respecto del *eros*, que podemos regularla y orientarla a voluntad. El punto de control es interno y no externo: la *philia*, en gran parte, depende de uno mismo; la amistad no llega de fuera, tú la promueves o la destruyes.

¿Qué factores impiden que la *philia* se desarrolle en la pareja? Las quejas más frecuentes son: «Somos muy distintos», «No hacemos una buena pareja»,

«Estamos poco tiempo juntos», «Me aburro», «La relación no es satisfactoria», «No nos tratamos bien», «Siento que doy más de lo que recibo», «A veces pienso que duermo con el enemigo» o «No le tengo confianza», entre otras.

La mejor manera de comprender el funcionamiento de la *philia* y potenciar su desarrollo es conocer cuáles son sus componentes básicos. A partir de entonces, podrá formarse un esquema de superación que permita reconocer fortalezas y debilidades.

Los componentes de la *philia* amorosa

A pesar de que los factores que forman el amor de pareja amistoso pueden ser muchos, señalaré aquellos en los cuales la psicología coincide con la filosofía (principalmente son Aristóteles[35] y Cicerón[36] los que a mi entender han desentrañado mejor el tema de la amistad). Esos puntos de coincidencia son cinco: semejanza, proximidad, recompensa mutua, equidad/justicia y confianza (dejaré el tema del respeto para cuando hable del *ágape* en la tercera parte). La pareja que haya desarrollado de forma adecuada estos factores habrá logrado aproximarse positivamente a la tan anhelada amistad amorosa.

1. SEMEJANZA Y COMPLICIDAD: «EN UNA BUENA RELACIÓN HAY ACUERDO SOBRE LO FUNDAMENTAL»

Mientras el *eros* puede activarse ante personas opuestas y distintas, la *philia* sólo puede crecer en la semejanza. La idea de que los contrarios se atraen o de que lo distinto nos complementa no parece tener mucho fundamento en el tema del amor, al menos para quienes desean tener una relación estable y cómoda.[37] Aunque en algunos casos, como por ejemplo en las relaciones de dominación/sumisión, podría existir una tendencia a complementarse[38] (a los sujetos dominantes les gusta tener esclavos y a los dependientes les fascina tener un buen amo), los datos son categóricos: *la gente prefiere casarse o tener relaciones estables con personas cuya personalidad y necesidades son similares a las suyas.*[39] Mi experiencia profesional es que las parejas cuyos miembros son opuestos en aspectos fundamentales, más que atraerse, se estrellan. Veamos esto con más detalle.

Incompatibilidad básica no percibida
La disparidad de valores, deseos y aspiraciones no produce afinidad, sino rechazo e incomodidad. La

combinación de un fanático del racismo con una persona defensora de los derechos humanos no sería precisamente feliz; tampoco lo sería la unión de un sujeto violento por naturaleza con una mujer pacifista por convicción, y no hablo de atracción física, sino de convivencia. En ocasiones, la gente prefiere hacer caso omiso de esas disparidades, tapar el sol con el dedo y seguir con la relación como si nada pasara: podemos perseverar de manera irresponsable, inventar teorías fantásticas que justifiquen las diferencias o simplemente no prestarles atención. Éstos son tres ejemplos:

- *Resignación irresponsable*: recuerdo el caso de una mujer profundamente devota que estaba casada con un hombre ateo. Habían acudido a mi consulta debido a que su único hijo había empezado a presentar síntomas de ansiedad. Respecto al tema religioso, ninguno de ellos daba el brazo a torcer y los problemas se agravaron cuando el niño cumplió cuatro años y hubo que decidir a qué colegio iría: se desencadenó una lucha sin cuartel sobre si la educación debía ser religiosa o laica.

  La obra teatral *Equs*, de Peter Schefer, es un buen ejemplo de cómo la información contradictoria puede desencadenar alteraciones mentales. En la obra en cuestión, el padre del protagonista reemplazaba cada vez que podía el crucifijo que se hallaba sobre la cama del joven por la foto de un caballo, y la madre, con la misma insistencia, hacía exactamente lo contrario. Alan, el personaje central, a quien se le había diagnosticado esquizofrenia, termina por cegar con un punzón a varios caballos mientras hace el amor con su novia en una caballeriza.

Cuando alerté a mis pacientes sobre la posibilidad de que su hijo llegara a enfermar debido a la información contradictoria que estaba recibiendo, decidieron cambiar de psicólogo: el señor me consideró demasiado creyente y la señora demasiado ateo. Hace poco me enteré de que aún siguen juntos pese al daño que le han hecho a su hijo y el que se han causado a sí mismos; parecería que cierta testarudez irresponsable los empuja a continuar enfrascados en una batalla sin sentido y sin solución. Surgen muchas preguntas sin respuestas: ¿por qué habrán decidido casarse siendo tan distintos? ¿Por qué no se han separado? ¿Qué los mantiene unidos?

- *Justificación cuasidelirante*: en cierta ocasión un conocido me dijo que había tenido la suerte de encontrar a una mujer que era su complemento perfecto. Las razones eran sobre todo astrológicas: ella era acuario, decidida, y él era libra, inseguro al tomar decisiones. El lazo que los unía no era afectivo, sino astral. Después de un tiempo me lo encontré con otra mujer totalmente distinta a la anterior, más tímida e introvertida, y no tan decidida. Esta vez los papeles se habían invertido y era él quien mandaba. Cuando le pregunté qué había pasado con sus predicciones cósmicas, que según él eran infalibles, me dijo que los ascendentes también eran importantes y me dio una explicación esotérica que hubiera hecho temblar a Nostradamus en persona. El nombre técnico de esta alteración es *autoengaño*.

- *Percepción distorsionada:* en cierta ocasión atendí a una pareja totalmente dispar. Llevaban un año juntos: ella era una mujer de treinta y dos años, de un estrato social alto, bastante culta y apasionada por la lectura y el arte; él tenía veintidós años, era aprendiz de mecánico, vivía en una habitación prestada porque su padre lo había echado de casa, su afición eran las motocicletas y era adicto a la marihuana. Los pleitos y las escaramuzas entre ellos eran constantes, e incluso habían llegado a agredirse mutuamente. Había sido el padre de la «novia» quien había sugerido que acudieran a una consulta psicológica con la esperanza de que alguien la hiciera cambiar de opinión. Sin embargo, pese a los intentos terapéuticos para que al menos tomaran conciencia de que sus diferencias eran de fondo y no de forma, ambos se mantuvieron en la posición de que eran «tal para cual». En seguida dejaron de acudir a las citas. Lo último que supe fue que ella estaba embarazada y que él la había dejado por otra mujer. Si bien es cierto que las parejas no vienen listas de fábrica y que debe haber una adaptación por ambas partes, hay algunas que son definitivamente incompatibles: son como las piezas de dos rompecabezas distintos, podemos encajarlas a la fuerza, pero el resultado final será una imagen distorsionada.

Las parejas muletillas

Las parejas muletillas creen que una buena relación es aquélla donde cada uno se convierte en el bastón del otro. Por ejemplo, una persona tímida puede llegar a pensar que si su pareja es extrovertida, eso compensará su déficit en habilidades sociales, y pasará más inadvertida o, al menos, podrá sobrevivir mejor. Es una versión sofisticada del síndrome del siamés: «Si yo no puedo, pero mi pareja sí puede, es como si yo pudiera». Éste es un amor de lazarillo: no sólo nos amamos, sino que nos fundimos moral y patológicamente. Lo que no saben los fanáticos de la fusión afectiva es que a veces lo bueno se ve afectado por lo malo, y el supuesto «factor soporte» se transforma en «factor desequilibrante».

Olga era una mujer retraída e insegura que padecía una depresión grave desde hacía algunos meses. En contraste, su esposo era un hombre alegre y sociable que nunca había sufrido ninguna alteración psicológica. Veamos un extracto de las conversaciones que mantuve con cada uno de ellos por separado.

CONVERSACIÓN CON OLGA:

TERAPEUTA: ¿Me puedes explicar mejor qué es lo que te molesta de tu esposo?

OLGA: Verlo contento. Me recuerda lo mal que estoy. No es culpa de él, pero es como mirarme en un espejo invertido.

TERAPEUTA: ¿Preferirías que enfermara?

OLGA: Preferiría curarme, si a eso se refiere. Últimamente a él no le importa mi enfermedad. Actúa como si no pasara nada.

TERAPEUTA: Recuerda que tanto la opinión psiquiátrica como la mía es que dependías demasiado de él, así que no debes interpretar su alejamiento como desamor.

OLGA: Usted no me entiende. Cuando estamos en una reunión, él cuenta chistes, baila y es expresivo; y yo parezco una tonta. Siento tanta apatía...

TERAPEUTA: ¿Sientes rabia hacia él?

OLGA: Mucha.

CONVERSACIÓN CON EL MARIDO:

TERAPEUTA: Explícame mejor lo que sientes.

PACIENTE: Creo que esto ya me está afectando, siento que las cosas me cuestan más esfuerzo. Aunque parezca igual de alegre, la enfermedad de ella me ha influido.

TERAPEUTA: ¿Qué sientes cuando estás con ella?

PACIENTE: Siento miedo. No sé cuándo va a estallar, si va a quejarse o va a llorar. Hay momentos en que está bien y las crisis han disminuido, sin embargo... Esto le va a aparecer tonto, pero tengo miedo de volverme como ella.

TERAPEUTA: ¿Por eso te has alejado?

PACIENTE: Sí, en realidad es por eso...

TERAPEUTA: Lo que te sugerimos fue no ser condescendiente, pero sin retirarle el afecto; es importante que ella se sienta amada. Sin embargo, veo que has adoptado otra posición.

PACIENTE: Es que no soy capaz. Su estado de ánimo me afecta demasiado, es como si estuviera perdiendo fuerzas. ¿La depresión es contagiosa?

Desde el punto de vista terapéutico, la relación había tomado un rumbo inesperado. Por un lado, la comparación permanente de Olga con el estado de ánimo positivo de su marido empeoraba su depresión y agudizaba los síntomas. A esto se lo conoce como «efecto de contraste»: «Cuanto más alegre lo veo a él, peor me siento». Por otra parte, su esposo había desarrollado fobia a enfermar, por lo que evitaba cada vez más estar con ella. Esto se conoce como «efecto de contagio»: «Cuanto más estoy con ella, más siento sus síntomas». Son dos procesos negativos superpuestos que actúan al unísono y se refuerzan mutuamente. Al final, Olga pudo recuperarse de la depresión, pero a los pocas semanas, para sorpresa de muchos, su marido sufrió una crisis similar y tuvo que ser internado.

Lo que me interesa recalcar es que *la depresión de Olga no se vio compensada de forma positiva por la alegría de él, sino todo lo contrario,* pudo más el contagio negativo que la compensación positiva. Obviamente, no estoy diciendo que dos depresivos crónicos hagan una buena pareja; lo que afirmo es que, mientras no haya enfermedad psicológica de por medio, la similitud atrae y la semejanza es un factor que potencia la relación; pero si existen alteraciones mentales significativas, las reglas cambian y las consecuencias no son fáciles de prever.

Definitivamente, hay que optar por el parecido
Tal como dije anteriormente, todo hace pensar que la semejanza produce agrado y favorece las relaciones estables.[40] Cicerón decía que la amistad tenía lugar cuando hay «consenso en gustos, opiniones y aficiones», mientras que Aristóteles afirmaba que

«la amistad existe en virtud de una semejanza». Hay que ser parecidos, aunque no iguales. Parecerse es estar en la misma orilla, no necesariamente en el mismo sitio y respirando el mismo aire; se trata de abarcar la misma panorámica. En la amistad no hay que ponerse en el lugar del otro, porque ya estamos allí.

«Entiendo cómo te sientes», «Comprendo lo que quieres decir», «Yo hubiera hecho lo mismo»: ¿habrá frases más tranquilizadoras, más alentadoras, para avivar el amor y ahondar la *philia*? Saber que me entiendes me libera de toda duda, me hace pensar que me aceptas, que somos semejantes.

No se trata pues de parecernos en cualquier cosa, sino de compartir aquellas características que son verdaderamente importantes para uno y la relación; y sobre gustos no hay nada escrito. Por ejemplo, algunas de las semejanzas encontradas por los investigadores entre personas que se agradan mutuamente son: ser expresivos emocionalmente,[41] fumar marihuana,[42] pertenecer a una determinada religión,[43] practicar sexo prematrimonial,[44] ser conservadores en lo sexual,[45] levantarse temprano,[46] ser parecidos físicamente[47] y tener ideas de uno mismo similares.[48] La lista, obviamente, es mucho más extensa.

Pero si la semejanza es tan importante para iniciar una relación estable, ¿por qué nos equivocamos tanto al elegir pareja? Hay dos posibilidades:

a) Porque confiamos excesivamente en el amor y pensamos que amar es un paliativo para todos los males. ¿Qué importa entonces que seamos tan distintos, tan opuestos, si tenemos el amor de nuestra parte? *Malas noticias: algunas diferencias psicológicas alejan más de lo que acerca el amor.*

b) Nunca nos detenemos a pensar racionalmente lo parecidos o diferentes que somos respecto a nuestra pareja, por eso las discrepancias nos cogen por sorpresa. A veces, disparidades tan simples como la hora de levantarse o de acostarse pueden afectar todo el clima afectivo. Insisto: no digo que tengamos que ser iguales, pero las similitudes deben ser necesariamente más y mejores que las disparidades. *No se trata de complementarse punto por punto, sino de acompañarse.*

Cuando seleccionamos pareja, no sólo elegimos el o la amante, sino que también elegimos un amigo en potencia, la *philia* de la alegre coincidencia; por eso Séneca y Plutarco coincidían al afirmar que uno de los secretos de la buena amistad es saber elegir a los amigos.[49, 50]

2. Proximidad-contacto: «una buena relación propicia la cercanía y la intimidad»

La proximidad con la persona amada es un factor crucial para que la amistad de pareja prospere. No me refiero al apego ansioso o a la necesidad de estar juntos las veinticuatro horas, sino a los encuentros regulares que necesita cualquier relación para obtener intimidad. Es en los lugares comunes donde la *philia* echa raíces.

Sin embargo, la *philia* también requiere un espacio de reserva personal donde la individualidad no se pierda: la «autophilia», ser amigo de uno mismo sin interferencias. La proximidad no significa la pérdida de autonomía; en una relación saludable e inteligente, uno nunca se siente acorralado o sofocado por el otro, porque cada cual sabe el límite a partir del cual el afecto comienza a molestar. No hace falta internarse en una clínica de reposo o viajar a un costoso y deslumbrante *spa* para evitar el hostigamiento; basta con solicitar un descanso bajo el mismo techo, in situ: estar juntos pero no revueltos. Y la *philia* sigue su curso.

En general, uno no se aburre de la amistad amorosa, o al menos no se cansa de amar a la pareja, cuando la relación es buena: la proximidad bien administrada fomenta la intimidad afectiva y la afinidad. Ése es el círculo positivo, la espiral de refuerzo de la *philia*: hacer de los contactos un motivo de alegría y no de sufrimiento. Cicerón afirmaba: «Las amistades no deben provocar cansancio, como suele ocurrir con otras cosas. Las más antiguas, como los vinos que alcanzan madurez, deben ser más deliciosas» (pág. 69).

3. Intercambio de reforzadores: «una buena relación es esencialmente gratificante»

Hay un precepto en las relaciones afectivas que está relacionado con el punto anterior y que no cambia ni cambiará aunque los amigos del romanticismo entren en crisis y protesten: «Nos sentimos atraídos por quienes nos satisfacen y gratifican». Es la teoría de la gratificación de la atracción: *elegimos a quienes nos brindan una estimulación positiva más intensa.*[51, 52]

¿Amor lucrativo, interesado? Sólo en parte y no de manera consciente y acaparadora. La receptividad hacia los refuerzos y los castigos forma parte de nuestra herencia más arcaica: buscamos el placer y escapamos del dolor, es la mecánica natural de la supervivencia.

Se sabe que las parejas con problemas tienden a presentar más intercambios negativos que positivos; por eso, uno de los mejores tratamientos es, precisamente, incrementar la frecuencia de los reforzadores de ambas partes.[53, 54, 55] ¿De qué otra manera podríamos generar bienestar y satisfacción en una relación? Por lo tanto, la *philia* se fortalece en aquellas relaciones en las que sus miembros son tanto dadores como receptores de comportamientos gratificantes. La fórmula es sencilla: *recibir con agradecimiento los refuerzos y entregarlos con desprendimiento*. Si los castigos prevalecen sobre las gratificaciones, el amor deja de ser amistoso, y la *philia* no es tan ciega como el *eros*: los «amigos» que nos lastiman se marchitan en un instante. «Amar es alegrarse», decía Aristóteles. Esa alegría, ese júbilo, tiene mucho que ver con el número y la calidad de las recompensas, ya sean materiales, emocionales o ambas.

Aunque una buena relación comparte todo (lo agradable, lo útil, lo bueno y también lo malo), lo que cuenta es que el balance sea positivo. A todos nos interesa el abrazo, el piropo, la caricia, el detalle y repetir varias «lunas de miel»; ésa es la dinámica motivacional de la convivencia. Cicerón hablaba de la amistad como un intercambio recíproco de favores, como ayuda mutua, devolver un favor con otro. Sin llegar a ser tan puntillosos y milimétricos, hay mucho de cierto en sus palabras: en la vida cotidiana, las parejas mejoran sustancialmente cuando deciden preocuparse más por el bienestar de su compañero o compañera. La *philia* es la mezcla ponderada y racional entre lo concupiscente (recibir beneficios) y lo benevolente (entregar bienestar).

Citemos nuevamente a Aristóteles y su realismo: «La amistad dura más cuando los amigos reciben las mismas cosas el uno del otro». Y esto nos lleva al próximo punto, la repartición justa y equitativa de los reforzadores.

4. EQUIDAD-JUSTICIA: «UNA RELACIÓN INJUSTA GENERA DESAMOR»

Cuando percibimos que el balance coste/beneficio de nuestra relación no es equitativo, entramos en crisis: nos sentimos explotados o nos sentimos culpables. Consideramos que una relación es justa cuando *lo que obtiene cada miembro de la relación es proporcional a lo que cada uno ha invertido en ella*.[56] Si dos personas reciben beneficios iguales pero no han contribuido de manera similar, alguien puede sentir que la retribución ha sido injusta. No se trata de convertir la relación afectiva en un sistema financiero, sino de mantener la dignidad, aun si la decisión es entregar mucho más de lo que se recibe.

Una premisa marxista puede ubicarnos en el justo medio: «De cada cual según su capacidad y a cada quien según su necesidad», se trata de una *philia* sin plusvalía. «Sólo hay amigos cuando hay igualdad», decían los griegos. Se me preguntará, ¿igualdad de qué o en qué, si nadie es igual a nadie? La respuesta es: *igualdad de derechos; igualdad proporcional, complacerse recíprocamente sin sacar ventaja.*

Si bien es cierto que en las relaciones a largo plazo, como el matrimonio o las viejas amistades, por lo general no hacemos balances entre lo que damos y lo que recibimos,[57, 58] hay situaciones donde, pese a nuestro rechazo, la contabilidad aflora. Por ejemplo, podemos ayudar a un amigo necesitado de manera desinteresada, pero si más adelante el supuesto amigo se niega a echarnos una mano cuando somos nosotros quienes lo necesitamos, el recuento aparecerá de manera automática y la memoria se encargará de recuperar los números en rojo. Nos hace daño el amigo que no nos corresponde; aunque volvamos a correr en su auxilio y lo perdonemos varias veces, nos duele el desdén de la persona que queremos. El amigo, decía Ovidio, se conoce en el hecho incierto. Recordemos que la *philia* no es el *ágape*, la *philia* aún se aferra a cierto egoísmo; no es la entrega total ni el amor absoluto, sino la reciprocidad. La *philia* todavía ama más a los amigos que a los enemigos, la *philia* reclama justicia.

Surgen pues estas preguntas: ¿qué pasaría si de alguna manera tu dignidad se ve afectada por la persona que amas? ¿Qué deberíamos hacer si nos sentimos explotados por nuestros amigos o por la pareja? ¿Cuál es el límite?[59] Una mujer ejecutiva, casada y con tres hijos pequeños, manifestaba lo siguiente: «No me parece justo. Yo trabajo igual que él o más. Me toca administrar la casa, hacer las tareas con los niños, encargarme de planificar las vacaciones, de llevar el automóvil al taller. No, definitivamente me he cansado... Él me dice que soy una egoísta, que no lo comprendo, pero ¿qué debo comprender? Y, por si fuera poco, es exigente».

¿Qué debería de hacer esta mujer? ¿No llevar las cuentas? ¿Dejar que el marido siga actuando de esa forma? Es fácil olvidarse de la reciprocidad cuando la pareja que tenemos es justa y equitativa, pero si uno abusa del otro, la cuestión cambia, el amor se enturbia.

Conclusión: *quienes tienen una relación equilibrada se sienten más contentos, y quienes están en una relación que consideran injusta se sienten más ansiosos y deprimidos.*[60, 61]

Ésos son los datos, ésa es la realidad. Afortunadamente, hoy día las parejas jóvenes tienden a establecer relaciones más simétricas: ambos trabajan, las tareas domésticas están repartidas y el machismo está en decadencia,[62] aunque las feministas no lo crean.

5. CONFIANZA: «LOS MIEMBROS DE UNA BUENA PAREJA TIENEN LA CERTEZA DE QUE EL OTRO NUNCA LES HARÁ DAÑO DE FORMA INTENCIONADA»

En *Ética para Eudemo*, Aristóteles manifiesta que: «Los verdaderos amigos no cometen injusticias unos con otros». Es imposible sostener una relación de amistad si no hay credibilidad, y por credibilidad entiendo la *confianza básica*: la certeza de que la persona amada nunca nos hará daño de forma intencionada.[63] Es obvio que se trata de una certeza condicionada al factor humano, a la buena voluntad, pero de cualquier forma imprescindible.

La credibilidad está directamente relacionada con la percepción de la sinceridad, es decir, con la autenticidad de la persona, su honestidad.[64] Si hiciéramos una encuesta informal sobre qué es lo que no le perdonaríamos a un amigo, la respuesta sería sin duda la deslealtad. ¿Habrá algo que duela más que la traición de la persona amada?

Un hombre me decía que debía mantener bajo control a su esposa porque ya le había sido infiel cuatro veces, una de ellas con su mejor amigo. En otro caso, una mujer no era capaz de replicarle nada a su novio porque pensaba que en un momento de furia él podría matarla de un tiro. Nos encontramos con la «antiphilia», el «antiágape», el antiamor.

Cito de nuevo a Cicerón: «El principal apoyo para la estabilidad y la constancia que buscamos en la amistad es la lealtad, pues nada es estable si se es infiel». La lealtad es la primera y principal virtud de la *philia*, hay que ser franco incluso en la deshonestidad, ésa es la paradoja de la amistad que intenta alimentarse a sí misma: «Te engañé, lo siento». ¿A quién no le duele semejante noticia? Pero al menos lo sabemos: «Ya no podré contar contigo o quizá haya otra oportunidad de que volvamos a intentarlo algún día, no estoy seguro, pero al menos fuiste honesto».

El buen amigo no oculta sus defectos, sino que los pone encima de la mesa para señalarnos el peligro de creer en él más allá de lo conveniente. No necesitamos amigos que sean un dechado de virtudes, no serían fiables. Necesitamos amigos sinceros, jamás perfectos. «¿Cómo creer entonces en la pareja?», me preguntaba una mujer angustiada por el miedo a perder a su esposo. Hay dos caminos que se entrelazan y ninguno es infalible: por un lado, el corazón que intuye, la fe, aunque se equivoque a veces; y, por el otro, el tiempo, los años de convivencia, las vicisitudes, la vida compartida, la realidad que se va haciendo *philia* y superando el examen. El amor es un riesgo que hay que vivir.

La *philia* y los estilos del apego

Tal como expliqué antes, el apego que genera el *eros* está relacionado con la necesidad de posesión y el deseo de fusión. Se trata de una adicción orientada hacia el placer, una necesidad básicamente emocional y bioquímica. Por su parte, la *philia* produce un tipo distinto de apego, aunque en situaciones límite pueda parecerse bastante al del amor pasional. La dependencia de la *philia* es más psicológica, más cognitiva, más orientada a la búsqueda de seguridad y confianza que a conservar el placer.

Un aspecto común a todas las relaciones íntimas es la interdependencia, es decir, la implicación y asociación profunda con el otro. Se trata de una influencia y necesidad mutuas: parientes, amigos, novios o cónyuges, los vínculos que nos mantienen vivos. Algunos autores sostienen que el apego (no como adicción, sino como vinculación afectiva sana) constituye uno de los tres sistemas básicos de las relaciones cercanas: sistema sexual (*eros*), sistema de interés/protección (*ágape*) y sistema de apego (un tipo de relación similar a la *philia*, pero más básica).[65]

El modo en que las madres y los padres se relacionan con sus hijos durante la infancia temprana tiene fuertes implicaciones en las relaciones afectivas futuras, aunque no se convierte en una influencia irreversible.[66, 67, 68] Con la ayuda adecuada, muchos de esos patrones aprendidos pueden ser reemplazados por otros más funcionales.[69]

Hace algunos años, la Organización Mundial de la Salud solicitó al psicólogo John Bowlby que estudiara la salud mental de los niños desamparados de Londres.[70, 71] Este autor encontró tres tipos principales de apego en la infancia que nos predisponen, al menos en parte, a establecer ciertas relaciones afectivas.[72] Veamos cada una de ellas.

1. APEGO SEGURO

Un 60 por ciento de los niños y los adultos manifiestan un apego seguro.[73, 74] Se cree que unos padres sensibles facilitan este estilo equilibrado. Los niños seguros sienten algo de temor cuando la madre se aleja, pero cuando regresa la reciben con alegría y siguen explorando el medio y jugando con naturalidad. Los adultos educados en esta modalidad se acercan a los demás sin problemas, no sufren de adicción afectiva y no les preocupa el abandono o el rechazo. Sus relaciones tienden a ser satisfactorias, duraderas y no conflictivas, y disfrutan de una dependencia saludable.[75] Se ven a sí mismos como amables y tienen una imagen positiva de la gente y de sus padres. No son especialmente ansiosos y son capaces de establecer relaciones cómodamente. El esquema afectivo es como sigue: «Soy querible y la gente es buena».

2. APEGO INSEGURO/EVASIVO

El 25 por ciento de los niños y los adultos manifiestan el patrón inseguro/evasivo. Los padres indiferentes, que se muestran distantes y que no suelen prestar atención a sus hijos, afectivamente hablando, son los responsables de este estilo. Estos niños no parecen alterarse cuando la madre se ausenta ni muestran alegría a su regreso. Los adultos que han sido educados con este estilo tienden a rechazar las relaciones íntimas, son desconfiados y autónomos; son más propensos a las aventuras sexuales esporádicas que a establecer vínculos estables. Pueden tener un buen concepto de sí mismos, pero consideran que las demás personas no son fiables y que no se puede contar con ellas.[76] Pueden mostrar ansiedad y su estructura psicológica es básicamente pesimista en el amor. El esquema afectivo es como sigue: «Soy querible y la gente es mala».

Eduardo era un hombre de cuarenta y dos años que nunca se había casado. Su motivo de consulta tenía que ver con una confusión afectiva: hacía tres años que salía con una mujer, y no sabía si la quería o no; era el solterón de la familia y aún vivía con su madre, una mujer viuda muy inteligente y controladora. Eduardo administraba las finanzas de la casa, y a veces tenía que soportar las actitudes displicentes y agresivas de su progenitora. El preferido de la madre había sido su hijo menor, un *playboy* adicto al *crack* al que, inexplicablemente, ella subvencionaba pese a las protestas de los demás miembros de la familia. Eduardo sentía que sus padres nunca lo habían aceptado de verdad; desde pequeño se había sentido desplazado y la abuela lo había «adoptado» afectivamente. Sin embargo, a pesar de las buenas intenciones de la anciana, la atención que le brindó no fue suficiente para compensar el abandono afectivo maternal y paternal que había sufrido su nieto.

Eduardo no creía en la gente, y menos aún en las mujeres. Una vez me dijo: «Mi padre fue víctima de la frialdad de mi madre, no entiendo cómo tuvieron hijos. Ella lo criticaba permanentemente y se lamentaba de haberse casado con él, por eso mi padre buscó a otra mujer. Desde que tengo uso de razón, sé que tenía una amante, pero lo sorprendente era que a mi madre no le importaba». Eduardo había tenido un sinnúmero de relaciones, pero nunca se involucraba demasiado. Más aún, cuando sentía que podía llegar a enamorarse, se alejaba de inmediato. Sin embargo, en este caso la estrategia no había funcionado, ya que su novia rompía todos sus esquemas. Era tierna, comprensiva, inteligente, equilibrada e independiente. En más de una ocasión había tratado de magnificar sus defectos sin mucho resultado. No tenía quejas.

EDUARDO: ¿Qué cree usted que debo hacer?

TERAPEUTA: Eso debes decidirlo tú.

EDUARDO: Pero podría darme al menos una indicación, usted la conoció... ¿Le parece fiable?

TERAPEUTA: Mi opinión no es tan importante, puedo equivocarme de cabo a rabo. Además, tú eres el interesado. ¿Qué te dice tu instinto?

EDUARDO: ¡Mi instinto está atrofiado!

TERAPEUTA: ¿Qué dice, entonces, tu corazón?

EDUARDO: No sé leer sus mensajes...

TERAPEUTA: No puedes hacerlo porque tu mente desconfía demasiado. Ha habido muchas interferencias, infinidad de virus, lo que llamamos creencias irracionales, ¿recuerdas?

EDUARDO: Sí, sí... El amor para mí es un problema... Yo sé que ella es espectacular, sería la mujer ideal para cualquiera. ¿Qué me detiene, entonces?

TERAPEUTA: El miedo.

EDUARDO: ¿El miedo a qué?

TERAPEUTA: A la indiferencia, a que no te quieran, a que te lastimen. Miedo a soltar el freno de emergencia y deslizarte cuesta abajo.

EDUARDO: Tengo miedo de equivocarme...

TERAPEUTA: Todos lo tenemos, no puedes amar sin correr riesgos. Además, ya es hora de que dejes de echarle la culpa a tu historia: la autocompasión nunca te ha servido de nada.

EDUARDO: ¿Cree que es una buena mujer?

TERAPEUTA: ¿No es obvia la respuesta para ti?

Finalmente, entre tiras y aflojas, Eduardo se casó hace un año y está feliz con su decisión: el pasado no nos condena; por más que hayamos sufrido en la infancia, una buena relación puede actuar como un bálsamo. No creo que el amor cure nada, las que curan son las personas cuando son dulces y comprensivas. Eduardo tuvo que pasar de un esquema de pesimismo crónico, casi esquizoide, a un optimismo moderado; la experiencia afectiva del día a día se encargó de contradecir sus creencias negativas. No tuvo que hacer nada especial, ni siquiera resolver los viejos rencores que sentía hacia su madre, sólo tuvo que amar a su mujer y dejarse amar.

3. APEGO ANSIOSO/AMBIVALENTE

El 15 por ciento de los niños y los adultos manifiestan el estilo ansioso/ambivalente. Los padres de estos niños son inconsistentes en la expresión de afecto: algunas veces responden a sus necesidades con amor y preocupación, y otras no les prestan atención. Ante una situación desconocida, estos niños se aferran desesperadamente a su madre y tienen miedo de quedarse solos; lloran cuando sus progenitores se alejan y son indiferentes u hostiles cuando éstos regresan. De adultos, pueden enamorarse y desencantarse con facilidad, y tienden a romper repetidamente con la misma persona; se preocupan demasiado de que su pareja no los quiera y son muy dependientes. También suelen ser celosos, posesivos, muy emotivos e irritables ante los conflictos con su pareja.[77] Su concepto de sí mismos no es bueno, y ven a las personas de manera ambivalente, a veces queribles y a veces no. El esquema afectivo muestra dos facetas que pueden activarse de forma alternativa: «No soy querible y la gente es mala» o «No soy querible y la gente es buena». El primer esquema hará que sus estrategias de afrontamiento sean defensivas y/o agresivas. El segundo producirá un patrón de fuerte dependencia.

Recuerdo el caso de Clara, una jovencita de diecisiete años que había roto con su novio más de veinte veces. El padre de Clara era un hombre muy estresado que se relacionaba con ella de acuerdo con los indicadores de ventas de su empresa. Su madre era una mujer infantil, con baja tolerancia a la frustración, y que constantemente agarraba pataletas. Ambos progenitores eran muy temperamentales e imprevisibles.

Clara, pese a su juventud, había comprendido que vivía en un mundo afectivo sumamente desordenado e incierto. Según sus palabras: «Mire, doctor, yo ya tengo las cosas muy claras. Mi padre no se soporta a sí mismo; mi madre es como mi hermana: la cuido desde que cumplí doce años, cuando entendí que era una inmadura absoluta. Todo en mi familia es inestable y contradictorio; mis padres pasan del amor al odio en un instante, en una hora usted puede oír los peores insultos, y las mayores expresiones de afecto. ¿Cómo quiere que tenga una relación normal con mi novio? Yo sé que no debo escudarme en eso para eludir mi responsabilidad, pero hay dos cosas que tengo muy claras: una es que tengo que mejorar y no parecerme a ellos, y la otra es que quiero irme a estudiar a otra parte, lo más lejos posible; espero que usted los convenza». Antes de un año, había roto definitivamente con su novio y ya tenía previsto el ingreso en una universidad inglesa. En ocasiones, es imposible curar una enfermedad si el sujeto vive en una zona endémica; escapar no siempre es malo. Por un correo electrónico reciente, supe que ha conocido a un muchacho holandés y que, a pesar de que a veces se le dispara el mal genio, vive contenta y afectivamente realizada.

Muchos casos de apego ansioso/ambivalente no siguen la misma suerte, el conflicto suele estar más arraigado y paliarlo requiere muchas horas de terapia. Lo más posible es que mi joven paciente, debido a su inteligencia y astucia, lograra no involucrarse demasiado en la dinámica afectiva de sus padres. El método que utilizó para no dejarse lastimar de forma inútil es muy efectivo: dejar el problema a un lado cuando no nos compete, y hacernos cargo de él cuando sí nos atañe.

Para no sufrir

Como te habrás dado cuenta, es imposible que exista una relación perfecta: de forma inevitable, la convivencia tendrá momentos buenos y malos. No obstante, si hay un buen clima afectivo, las desavenencias se asimilarán correctamente y *no habrá resentimiento*. Los problemas normales, es decir, los que no afectan la dignidad personal, son oportunidades para entenderse mejor: ¿de qué otra manera podríamos crecer en una relación si no es por el método «ensayo y error»? No te asustes si has encontrado diferencias con la persona que amas, no existe la compatibilidad total. Repasemos algunos principios sobre la amistad de pareja para que puedas reflexionar al respecto y fortalecer tu *philia*.

- ¿Qué es lo fundamental? Los valores, las creencias esenciales, la ideología, la dignidad. Como ya dije, no debes pensar *exactamente* igual que tu pareja, eso sería imposible, además de aburrido. La semejanza implica aceptar variaciones sobre el mismo tema, tonalidades distintas y diferencias de énfasis, pero no de fondo. Debe darse un pluralismo de dos donde haya disputas cordiales, manejables y normales, esto fortalece la relación.

- Si sientes que la persona que amas está en la orilla opuesta, pregúntate si el distanciamiento se da en cuestiones esenciales: hay cosas que son negociables aunque a primera vista no lo parezcan. «No puedo vivir con el desorden de mi marido», me decía una mujer ya entrada en años. «Sí puede, lo ha hecho durante casi treinta años», le respondí. El problema real se manifiesta cuando empiezas a percibir que ciertas cosas no encajan con tus principios, y la molestia va haciéndose cada vez más visceral y menos racional. Es en estos casos cuando el cuerpo ofrece resistencia. ¿Qué harías si descubres que tu esposo es un abusador sexual? ¿Qué harías si supieras que tu esposa te es infiel o te roba dinero? Hay incompatibilidades irresolubles.

- Por el contrario, si el acuerdo sobre lo fundamental existe, serás cómplice de la persona que amas, su amigo de travesuras, de juegos y de humor. Si coincidís en la risa, todo anda bien, y si os encontráis en los silencios, mejor aún. Algunas personas que creen que deben comunicarlo todo hablan más de la cuenta; es curioso que sea así, pero a veces hay que cerrar la boca para lograr acuerdos.

- He conocido relaciones que se asemejan a un combate de boxeo en el que los golpes no son físicos, sino verbales; el amor va tomando la forma de una controversia constante que no solamente les afecta a ellos, sino también a quienes están cerca. Recuerdo que en cierta ocasión fui a pasar una semana a la playa con una pareja de amigos totalmente incompatibles: a él le gustaba beber y ella era abstemia, a ella le encantaba tomar el sol todo el día y él no salía de la sombra, ella fumaba y él era alérgico al humo del cigarrillo; si él contaba chistes verdes, ella se enfurecía, y cuando él quería hacer el amor, a ella le dolía la cabeza; con respecto a la educación de sus hijos se daban las mismas discrepancias. Mi descanso fue estresante. ¿Por qué siguen juntos? Ellos dicen que se aman.

- Tu pareja debe ser tu cómplice, no tu alma gemela ni tu peor adversario; tiene que tratarse de un ser semejante a ti, alguien que pueda indignarse o asombrarse cuando tú te indignas o te asombras.

- ¿Cómo te das cuenta de si estás con la persona adecuada? Porque casi todo fluye de manera relajada y natural, no tienes que pasar horas tratando de convencer al otro sobre cuestiones que para ti son más que obvias. ¿Cuáles serían los ingredientes mínimos para que una relación sea funcional? Básicamente dos: *tranquilidad* y *deseo manejable*; tranquilidad de no estar con el enemigo, de militar en el mismo bando, y un *eros* dispuesto, sin adicción.

- Las incompatibilidades, por el contrario, pueden variar, al igual que las soluciones. Por ejemplo, los miembros de una pareja pueden estar en desacuerdo respecto a la invasión de Irak, y no pasar de eso; se trata de una oposición razonada y razonable que no afecta el amor. Pero si ella es fundamentalista islámica, y él un fanático de Bush, es probable que el reflejo de la guerra llegue hasta ellos. Veamos otro ejemplo no tan «conflictivo»: él es italiano, viene de una familia de cocineros, adora la comida y piensa que cocinar es un ritual alquímico; ella es anoréxica, odia las grasas, piensa que las pastas son algo así como un veneno amañado en forma de tiritas y el olor a comida le da náuseas. Supongamos que, en un acto de amor sin precedentes, él decidiera cambiar su afición, renunciar a su tradición y olvidarse del placer de cocinar. Si eso ocurriera, tal como yo veo las cosas, habría un problema ético: él estaría patrocinando la enfermedad de su mujer y sería cómplice de la anorexia; su acto de amor, paradójicamente, terminaría reforzando la enfermedad de la persona que dice amar: dejemos bien claro que la anorexia no es una posición política ni un acto de protesta al servicio de un ideal social, sino una enfermedad.

Habría otra opción: que el acto de amor surgiera de ella y decidiera combatir el trastorno de alimentación «por amor», aunque suene cursi. Es probable que nunca se convirtiera al «italianismo», en el sentido de disfrutar con fruición delante de una lasaña casera, pero sí podría luchar contra la anorexia y hacer de su vida personal una experiencia más saludable, a la vez que, culinariamente, podría hacer feliz a su frustrado compañero.

- Así que te deseo que no tengas que explicarle siempre los chistes a tu pareja y que no tengas que suplicarle que te acompañe a un concierto o a ver una película. También espero que tus sueños y aspiraciones no te lleven al sur si tu media naranja añora ir al norte; tú eres quien debe decidir si se justifica hacer un esfuerzo para que las cosas mejoren. Eso sí, define un límite de tiempo, nadie está obligado a sufrir más de lo necesario.

ADMIRACIÓN SIN IDOLATRÍA

- Admirar a tu pareja es saborearla; cuando te maravillas ante él o ella no sólo por sus habilidades o por las cosas en que sobresale, sino por su esencia, el camino de la convivencia se allana: es imposible amar a quien no admiras. La buena convivencia, la *philia*, te llevará a descubrir al otro una y otra vez sin agotarlo; si la persona que quieres pasa inadvertida para tus sentidos, si ya nada te sorprende de él o ella, si su comportamiento es tristemente previsible, significa que el amor ha entrado en decadencia. Admirarse es asombrarse.
- Puedes admirar sin amar, pero no lo contrario; admiramos a mucha gente, pero sólo amamos a una (o en el peor de los casos, a dos). El problema, la mala noticia, es que cuando la admiración se acaba, recuperarla es casi imposible, y digo «casi» para no quitarte las esperanzas. Si

estás desilusionado o desilusionada con tu pareja, tienes que hacérselo saber para que él o ella intente resucitarla, aunque el pronóstico sea reservado. El amor tiene dos enemigos principales: la *indiferencia*, que lo mata lentamente, y la *desilusión*, que lo elimina de golpe.

- Sin embargo, admirar no es venerar, no es rendir culto a la personalidad y pasar a ser un «auxiliar afectivo». He conocido a mujeres que idolatran a sus maridos de manera reverencial; si confundes admiración con idolatría, te negarás a ti misma o a ti mismo. Tu pareja no es la reencarnación de algún antiguo maestro espiritual, ni el rey de Babilonia o la reina de Saba; si crees que él o ella es *tan especial*, terminarás sintiéndote honrada u honrado de que esté contigo, cuando simplemente deberías sentirte feliz.

- Lo saludable, lo que la *philia* necesita, es que la admiración sea mutua. ¿Te sientes admirada o admirado por tu pareja? Porque si no es así, hay que apuntalar la autoestima con urgencia. Si tu pareja te critica y no reconoce lo que debería reconocerte por derecho, tienes un problema serio, ya que no puedes imponer que te quieran o que te admiren: el amor no puede ser una obligación, la admiración tampoco. Aunque te duela (y debemos reconocer que en ocasiones la mejor manera de vencer el sufrimiento es sufrir con fundamento), si no te admiran, no te aman de manera completa: el amor es la conjunción equilibrada de *eros*, *philia* y *ágape*. Quizá te deseen y te cuiden, pero si no te admiran, la *philia* está ausente, el amor está cojo.

Amor justo, amor digno

- Te hago dos aclaraciones para que las tengas en cuenta. En primer lugar, tal como verás en el apartado del *ágape*, hay ocasiones en que el amor se transforma en compasión, y el balance coste/beneficio se inclina a favor del más necesitado. En segundo lugar, promulgar un amor justo y recíproco no significa que hagamos del vínculo afectivo un intercambio mercantilista en el que haya que llevar una contabilidad detallada de pasivos y activos.
- No existe la igualdad absoluta en ninguna relación interpersonal, lo importante es que no te sientas explotado o explotada, y que nada afecte tu dignidad personal. La justicia implica igualdad de derechos, y si por alguna razón quieres renunciar a ellos, que sea por convicción y no por miedo o apego; lo importante es que no te autoengañes. Spinoza decía: «La justicia es la disposición constante del alma de dar

a cada uno lo que le corresponde», y Aristóteles afirmaba que la justicia es una «especie de proporción». Hablan de reciprocidad proporcionada, es decir, de que tus necesidades afectivas básicas se vean satisfechas de manera realista.

- La amistad, por más amorosa que sea, nunca es del todo desinteresada, así que no debes sentirte mal si esperas retribución. Tienes derecho a buscar la equivalencia: si entregas fidelidad, esperas fidelidad; si prodigas afecto, esperas afecto; si das sexo, esperas sexo; si eres honesto, esperas honestidad. No olvides que lo que define la convivencia es esencialmente el intercambio amistoso, pero intercambio al fin de cuentas.

- Una relación donde la dignidad está afectada no es negociable. Si sientes que das mucho más de lo que recibes, o que tu pareja tiene más derechos que tú, y eso te molesta, sé asertiva o asertivo y exprésalo, porque si no haces nada al respecto, el rencor desplazará al amor.

CONFIANZA BÁSICA

- ¿Confías en tu pareja? ¿Estás seguro o segura de que nunca te lastimará intencionadamente? La *philia* no puede existir sin confianza, sin la seguridad de que estamos en buenas manos; es imposible vivir en la duda y en la incertidumbre. ¿Pondrías tu vida en manos de tu pareja con la seguridad de que haría todo lo posible y lo imposible para salvarte? Si la respuesta es «no sé, no tengo una seguridad absoluta», tu relación ha entrado en cuidados intensivos. Si no tienes confianza en la persona que dices amar, no la amas. No hablo de ser ciego, sino de alcanzar la convicción profunda de que se está a buen resguardo.

- No hay mucho que decir aquí, ¡es tan obvio! Así como la desconfianza impide mantener una relación de amistad, también impide una relación de pareja. Debes tener esto muy claro: en una relación afectiva estable abres tu corazón y tu mente, te muestras como eres, te viertes en el otro, es como un acto de fe; por lo tanto, debes tener la seguridad de que nada será usado en tu contra. No digo que tengas que poner a prueba a la persona que amas o tenderle trampas, porque la vida ya se encarga de ello; no es honesto y estarías actuando como no quieres que actúen contigo. Tampoco hablo de que te vuelvas paranoide y estés a la defensiva todo el tiempo, pero es imposible amar si hay miedo. Krishnamurti decía: «El amor es ausencia de miedo». Si no hay miedo, no hay sufrimiento.

TERCERA PARTE

ÁGAPE

De la simpatía a la compasión

Ama y haz lo que quieras.
La medida del amor es amar sin medida.

SAN AGUSTÍN

La ternura es la pasión del reposo.

JOSEPH JOUBERT

Si hemos logrado integrar de manera ponderada y unificada al *eros* (deseo) y a la *philia* (amistad), la percepción será que todo está bajo control, que sin lugar a dudas hemos logrado armonizar una relación sana y perdurable. ¿Qué podría faltarnos? Nos deseamos con pasión y nos realizamos mutuamente en la alegría compartida, ¿qué más se puede pedir?

Pero hay más. El amor sigue su curso y no se detiene ahí, hay un tercer nivel en la evolución afectiva. El *eros* se transforma en la *philia*, que lo incluye, y a su vez la *philia* se convierte en un nuevo amor que incluye a ambos.

Se trata de un amor distinto a los anteriores, que no sufre, que no ambiciona tanto como el *eros* ni espera tanto a cambio como la *philia*. Un amor que salta por encima del «yo quiero» erótico y del «tú y yo» amistoso para ubicarse enteramente en el «tú». No soy «yo» ni somos «nosotros», eres «tú» en primera instancia, en primera persona. A este amor se lo denomina *ágape*: el amor desinteresado que da y se entrega sin más.

Se me dirá que semejante amor es imposible en una relación humana y real. Sin embargo, la dulzura y la delicadeza suelen estar presentes en las relaciones funcionales. En ocasiones, decidimos dar sin esperar nada a cambio, o sentimos la urgencia profunda y determinante de buscar el bien del ser amado aun a costa de nuestro ego. De vez en cuando sucede, y es maravilloso que así sea. Lo explica muy bien Comte-Sponville:[1]

«Se pasa del amor a uno mismo al amor al otro, y del amor interesado al amor desinteresado, de la concupiscencia a la benevolencia y a la caridad, en suma, del *eros* a la *philia*, y en ocasiones (por lo menos como horizonte ideal), de la *philia* al *ágape*» (pág. 279).

El amor evoluciona con los años si todo va bien: se descentraliza y los sentimientos se asientan, por decirlo de alguna manera. Es el viento en calma que no pierde su fuerza y se contiene, que se niega a lastimar al ser con quien comparte el amor. Y no hablo de incondicionalidad ciega y permanente, sino de querer ayudar y comprender a la persona amada cuando nos necesita. «Allí donde hay necesidad, hay obligación», decía Simone Weil.[2]

El *ágape* es la dimensión ética del amor que se transforma en altruismo; es el camino de la otra pasión, la del sufrimiento que se regala; es benevolencia pura: «Daría mi vida por ti», dicen los que así lo sienten. ¿Darías tu vida por la persona que dices amar? No me refiero a darla por los hijos, algo fácil y natural, sino por quien sólo se une a ti a través de la «voluntad amorosa» y no de la genética. ¿La darías? No lo sabemos, ¿verdad? Creemos que sí, quizá, llegado el caso.

En las relaciones interpersonales, el *ágape* llega como el mar a la playa: la toca, la limpia y la refresca, pero no permanece, porque el agua absorbería la arena y ésta desaparecería. Como dije antes, el *ágape* ocurre en ocasiones, y en esos momentos nos despojamos de todo cuanto somos, la conciencia se vacía de sí misma y quedamos a merced del amor. El *ágape* es un regalo que nos hacemos y que ofrecemos. Borges lo expone bellamente en el final de su poema *Baruch Spinoza:*[3]

> *El más pródigo amor le fue otorgado,*
> *el amor que no espera ser amado.*

Despojado momentáneamente del *eros* y la *philia*, me queda el *ágape*, el amor que acoge y da.

La palabra *ágape* viene de *agapan*, que significa acoger con amistad (amar). En latín se ha traducido como *caritas* (el *caro*, el querido), y en español como *caridad*. Los griegos conocían el *eros* y la *philia*, pero parece que no necesitaron definir otro tipo de amor, a pesar de que existía el término *philantropía* para designar el aprecio al extranjero. No aparece la revolucionaria alternativa amorosa de «amar al enemigo» hasta el Nuevo Testamento (Mt. 43-47). El mensaje de Jesús va mucho más allá de lo que se aceptaba hasta aquel momento: no se trata sólo de amar al desconocido, lo cual de por sí es difícil, sino de amar a quien nos quiere perjudicar o, de hecho, nos perjudica.

El *ágape* agrupa todo el conjunto de esos amores difíciles: «al prójimo como a ti mismo», al enemigo, a la Humanidad, al desconocido; en fin, se trata de la extensión del amor hacia lo universal. No digo que sea imposible amar de esta manera, pero hay que reconocer que la mayoría de nosotros no somos capaces de sentirlo con plenitud. «Amar a los enemigos» requiere de algo más que buena voluntad, es la llamarada de la santidad o de la iluminación.

Pero en el amor hay que ser prácticos; no olvidemos que el *eros* y la *philia* también intervienen, uno con su afán por el placer y el otro con el énfasis en la reciprocidad. ¿Realmente somos capaces de no esperar *nada* de la persona amada? ¿Renunciarías a la reciprocidad que la *philia* exige o al placer que el *eros* impone? Amar a los enemigos es quizá la cima de un proceso ascendente en el que el amor evoluciona hacia lo espiritual, pero pretender convivir bajo el mismo techo con el enemigo, como si fuéramos compañeros del alma, es prácticamente imposible. Dicho de otra manera: *es más fácil amar al enemigo que casarse con él o ser su amigo.*

La condición del *ágape*

El *ágape* del amor de pareja, terrenal y realista, requiere de una condición básica para que se pueda realizar sanamente: *que la persona depositaria del ágape no se aproveche de nuestras debilidades.* Darse sin restricciones a alguien que haga mal uso de nuestro amor agápico no es altruismo, sino insensatez. Veamos un ejemplo.

Mónica fue educada en la idea de que una buena esposa debía ser incondicional y sumisa; para ella, el amor de pareja era inseparable del deber conyugal y nada justificaba una separación; su felicidad dependía exclusivamente de la satisfacción de su marido. Sin embargo, a pesar de los buenos augurios y el optimismo que suele acompañar a los enamorados, la relación tomó un rumbo inesperado debido a la incapacidad de Mónica para oponerse, pensar por sí misma y ejercer sus derechos; el esposo, poco a poco, fue mostrando una faceta egoísta y dictatorial: llegaba tarde por las noches, no iba a dormir a casa, no le daba dinero ni le compraba ropa mientras que él estrenaba prendas cada semana, nunca salía con ella, no le permitía tener amigas y criticaba su aspecto físico; en fin, el hombre actuaba como un emperador con una esclava.

Por si fuera poco, la vida sexual de Mónica se convirtió en una verdadera tortura: el hombre la ataba, la golpeaba y abusaba sexualmente de ella cada vez que quería. Ante semejante situación, ella optó por ser consecuente con sus creencias, y puso en práctica la peor estrategia posible en los casos de maltrato: el amor incondicional; cuanto más castigo recibía, más amorosa era su actitud hacia él. «Mi amor lo va curar», se decía a sí misma tratando de alimentar una esperanza tan absurda como imposible.

El día que llegó a mi consulta, Mónica pesaba cuarenta kilos, tenía laceraciones por todo el cuerpo y una severa depresión acompañada de ideas suicidas; con mucho esfuerzo, logró mantener las citas en secreto, ya que su marido le había prohibido pedir ayuda. Cuando su madre se enteró de lo que estaba sucediendo, le dio dos consejos: «No te apresures a tomar decisiones de las que te puedas arrepentir» y «Recuerda que a la gente hay que darle otra oportunidad». Por suerte, ninguno de ellos prosperó.

En una entrevista, Mónica expresó así su decepción: «Yo me entregué al hombre que amaba en cuerpo y alma y para toda la vida. Creí que con el amor sería suficiente, pero me equivoqué. Siempre pensé que él merecía lo mejor; la conclusión me parece terrible: no es bueno entregarse totalmente ni amar de manera incondicional». Mi respuesta fue: «Depende de la pareja». Para que el *ágape* interpersonal prospere requiere de un interlocutor que también lo muestre. Una mujer que decidiera ser amorosa, delicada y tierna con un asesino en serie no tendría muchas opciones de salir con vida.

Mónica terminó por separarse y, al cabo de un año, conoció a un hombre que pudo corresponder de manera adecuada al amor que ella ofrecía. El escritor Cesare Pavese decía: «Serás amado el día en que puedas mostrar tu debilidad sin que el otro la utilice para afirmar su fuerza». Bella prueba: no hay nada que ocultar, nada que disimular, aquí estoy, con todo mi ser expuesto a ti.

Definitivamente, es más fácil amar a Dios que a las personas, porque no tenemos que convivir con Dios, al menos en un sentido humano. Algunos pensadores sostienen que una de las razones por las que los preceptos básicos del amor cristiano[4] y budista[5, 6] no han logrado producir aún una transformación radical de la mente humana es que proponen estados ideales de felicidad muy lejanos a la realidad. Antes de pretender alcanzar el paraíso o el nirvana, deberíamos comenzar por cuestiones más prácticas y menos rimbombantes, por ejemplo: *a)* *intentar* amar de manera más desinteresada (*ágape*) a las personas de mi entorno, y *b) procurar* ser menos indiferente al dolor ajeno.

«Intentar», «procurar»: ésta es la semántica del realismo que no olvida nuestra condición de seres imperfectos.

DULZURA Y AUSENCIA DE VIOLENCIA

Una buena relación afectiva debe ser esencialmente pacífica y rechazar todo tipo de agresión injustificada, ya sea verbal o física. Entiendo por injustificada cualquier manifestación violenta que no sea en defensa propia.

La característica fundamental del amor no violento es *la capacidad de renunciar al poder para evitar herir a la persona amada*. Es algo similar a lo que ocurre cuando tomamos a un bebé en brazos y todo nuestro organismo se contiene para acomodarse a la fragilidad del recién nacido; el *ágape* implica replegarse, retroceder un poco para no molestar ni aplastar al otro.

En un sentido más espiritual, Simone Weil[7] hace referencia a que el acto creador de Dios consistió en despojarse de su divinidad para que la existencia del hombre tuviera lugar; la creación, según ella, fue un acto de «descreación» por amor. La voluntad divina y el *ágape* no serían otra cosa que la renuncia amorosa a ser más.

Aceptemos que no es fácil abandonar la prepotencia y adherirse sin condiciones a la debilidad o al dolor de la persona amada, sobre todo en una cultura en la que el poder en cualquiera de sus formas es un valor. Sin embargo, no puede haber amor sin delicadeza, sin la profunda decisión de no lastimar; transitar los caminos del *ágape* es negarse a ser el amo o el verdugo de quien se ama, no hay amor si hay abuso de poder, si hay dominación. El amor es lo contrario a la fuerza que se impone, es lo que se enfrenta a la crueldad. Si el *eros* es la confirmación del «yo» que apetece, el *ágape* es el «yo» que se repliega, que se retira por amor.

Respetarte es saber leer tus negativas, tus inseguridades, reconocerlas de manera horizontal y no vertical, hacerlas mías sin contagiarme; es ser exacto y cuidadoso en mis aproximaciones para no aplastarte con mi ego ni lastimarte con mi indiferencia. Amarte es ablandar el corazón.

Camilo siempre se había caracterizado por ser un hombre sensible y afectuoso. Estaba casado en segundas nupcias con una mujer ejecutiva de éxito, que gozaba de una buena posición y que estaba motivada hacia el logro. A pesar de ser una excelente persona, Camilo era percibido por los demás como un individuo demasiado tranquilo, huidizo y poco competitivo en los negocios, lo que contrastaba marcadamente con el temperamento de su esposa.

La relación había comenzado a mostrar un desequilibrio en lo que al *ágape* se refiere: los comportamientos conciliadores de Camilo chocaban con la fortaleza y la indiferencia de su mujer. En una cita le pregunté a ella en qué medida se preocupaba por su marido, y el gesto fue de sorpresa: «¿Por qué pregunta eso? No sé, no creo que él tenga problemas importantes, es un hombre independiente, muy tranquilo. Cada uno tiene su mundo y así funcionamos bien. Siempre ha sido inseguro y por eso decidió pedir ayuda, pero no creo que mi papel sea cuidarlo y convertirme en una nodriza, si a eso se refiere...». El egoísmo es ciego: Camilo había comenzado a manifestar síntomas depresivos (recordemos que la esencia de la depresión es la soledad y el desamor), su trabajo se estaba tambaleando, sufría de migrañas, tenía problemas frecuentes con su familia, no estaba satisfecho sexualmente y pasaba por una crisis vocacional, entre otros problemas. Todo lo anterior había pasado inadvertido para su esposa.

Las cosas empeoraron cuando Camilo contrajo una infección respiratoria y tuvo que ser internado en una clínica durante diez días. En ese tiempo, la esposa se mostró poco interesada en el proceso de su enfermedad y lo visitaba unos pocos minutos durante la hora del almuerzo, siempre con prisas. El cuarto día de hospitalización, ella le comentó que se iba a ausentar durante una semana para asistir a un seminario de actualización. Camilo no tuvo otra opción que resignarse y pasar esos últimos días en la clínica en el más absoluto abandono.

Cuando regresó a mi consulta, me dijo con tristeza: «Ahora entiendo lo que usted me dijo una vez: en el amor debe haber reciprocidad. No me siento amado, ni protegido, ella piensa que soy débil porque necesito afecto. El amor debe manifestarse en las buenas y en las malas; ya no la quiero, me di cuenta en la clínica, me he cansado. No fue delicada con mi enfermedad, subestima mis problemas, no hay ternura, a ella no le duele lo mío. Prefiero estar solo».

Sin el *ágape* ninguna relación funciona, porque la insensibilidad, tarde o temprano, genera desamor. La emoción que se siente ante la indiferencia no es la ira del despecho ni la angustia de la infidelidad, sino pura desilusión; cuando nos damos cuenta de que no hay *ágape*, todo se derrumba.

Si la persona que queremos nos pide cariño o apoyo, ¿por qué no acceder a esa solicitud, si hay amor? ¿Qué razones podría haber para negarle el afecto a la persona que amamos? No hablo de ser demasiado condescendiente, aunque a veces también lo podemos ser, sino de reconocer como valederas y legítimas las necesidades del otro, apropiarse de ellas y colaborar.

La mujer de Camilo nunca fue incondicional cuando debía serlo: o no veía el sufrimiento de su esposo o lo subestimaba por «irracional». Pero ¿quién dijo que el dolor debe ser racional para que mostremos compasión? Habría bastado una dosis mínima de afecto. El ejemplo muestra que la ausencia del *ágape* no siempre se manifiesta en el maltrato físico o en la agresión manifiesta; en muchas ocasiones, el golpe es más sutil y menos dramático, pero igualmente doloroso. ¿Cuántas veces, de manera egoísta, generamos malestar a la persona que amamos o intentamos imponer nuestra supremacía aun a sabiendas de que no es lo correcto? Nuestro amor está contaminado de prepotencia. ¿Qué hacer entonces para no lastimar ni agobiar al ser amado? Tenemos dos alternativas: la atención despierta («Escucharte con cada célula de mi cuerpo») y la disponibilidad atenta («Estar dispuesto a colaborar con toda mi energía»).

No siempre evaluamos el impacto que nuestros actos tienen en los seres queridos; hacerlo implica descubrirnos en el terreno de las debilidades: «Porque soy débil, comprendo tu debilidad», es la flexibilidad del amor que se despoja de la soberbia. Es fácil luchar por el poder, imponerse y competir; es fácil engordar el ego. Sin embargo, es bastante difícil entregar las armas pudiendo ganar la batalla, recogerse y apaciguar el instinto de supervivencia. ¿Por qué hacerlo? Por puro amor, porque sí.

El *ágape* significa buen trato, atención, esmero en el contacto físico; es el conjunto de caricias bien distribuidas. ¿Cómo puede haber amor si hay brusquedad? La rudeza se opone al cariño, a la flor, al piropo que se nos escapa sin tanta gramática. ¿Es la muerte del erotismo? De ninguna manera. Aunque el *eros* se modera en el *ágape,* nada opone la sexualidad al amor desinteresado: puede haber sexo agápico, sexo cariñoso, apacible, dócil, sexo de entrega, sexo sin disputa, dos debilidades enredadas, tan expuestas como se pueda. Es el riesgo del amor cuando el animal se humaniza.

Puede haber, incluso, un *eros* trascendente. Esta frase de san Agustín lo muestra claramente: «El amor es carne hasta en el espíritu y espiritual hasta en la carne; si no que lo diga Teresa de Ávila». Y para corroborar tal afirmación, veamos un extracto de la poesía *Glosa*, de santa Teresa de Jesús:[8]

> *Aquesta divina unión*
> *del amor con que yo vivo*
> *hace a Dios ser mi cautivo,*
> *y libre mi corazón;*
> *mas causa en mí tal pasión*
> *ver a Dios mi prisionero*
> *que muero porque no muero.*

Poseer a Dios, ser poseída por Dios: la amante de Dios. Es el *eros* en toda su dimensión: la idea de fusión, la pasión desbordada y el deseo de posesión.

El *ágape* es la expresión más elaborada del afecto positivo, es la expresión natural del amor que se hace consciente de sí mismo en la benevolencia: besar, abrazar, rascar, acariciar, peinar, vestir, acurrucar, alimentar, susurrar, arrullar, coger, sonreír. Se trata de los cuidados intensivos del amor, sin tanta urgencia.

No sólo te deseo, no sólo me alegra tu compañía, sino que quiero cuidarte, con sosiego, sin obsesión, sin apego.

«El amor conlleva su propia disciplina»

Si hay *ágape*, la actitud protectora nace naturalmente. Krishnamurti[9] decía que «el amor conlleva su propia disciplina». Cuando amamos de verdad, no necesitamos de mucho esfuerzo para que el *ágape* se manifieste. El amor alivia la carga de las exigencias, o al menos las transforma y les confiere un sentido de responsabilidad indolora. ¿Qué padres normales se quejarían por cuidar a un hijo enfermo? El amor se desvela gustoso. ¿Quién en su sano juicio disfrutaría ultrajando a la persona que ama? La violencia y el descuido por el otro riñen con el amor.

No te merece quien te lastima, no te ama quien te lasti-
ma. Si el amor es «la alegría de que existas», ¿cómo des-
truirte sin destruirme?

Detrás de la frase krishnamurtiana hay más: se
descubre la idea de que cuando el amor está presente, los valores se subordinan a él o, dicho de otra forma, se expresan espontáneamente porque el amor
los contiene. ¿Debemos esforzarnos demasiado
para ser justos, generosos o amables con los seres
queridos? No, si hay suficiente amor. ¿Escondería-
mos comida a las personas que amamos en época de
hambruna para consumirla luego a escondidas?
Más bien sería al revés: ¿no preferiríamos morir de
hambre antes que ver sufrir a nuestros hijos? ¿No
compartiríamos el pan con el ser amado? Al amor
no lo definen los deberes, nadie ama por obligación.
Por eso, si aceptamos que el amor establece su propia disciplina, bastaría con amar. «Ama y haz lo que
quieras» significa: despreocúpate, el afecto se encarga de todo.

Savater[10] lo expresa así:

«Donde el amor se instaura, sobra la ética y deja de
tener sentido la virtud. Los objetivos de la virtud, como
son conseguir valor, generosidad, humanidad, solida-
ridad, justicia, etcétera, los logra el amor sin proponér-
selo siquiera, sin esfuerzo ni disciplina» (pág. 121).

Recordemos una vez más a Spinoza[11] cuando dice que *no amamos una cosa o a alguien porque sea amable, sino que la consideramos amable (valiosa) porque la amamos*. El amor está primero, el amor otorga el valor, el amor agápico desplaza la moral; es decir, necesitamos la moral porque no sabemos amar. Ésa es la relación entre amor y ética.

Lo anterior no implica que en ocasiones podamos tener arranques de egoísmo, pero si hay amor, jamás afectarán la dignidad de la persona amada. El amor nos cuida, para que podamos cuidar.

Un ejemplo simple, un contraste: una pareja pelea vehementemente en un restaurante porque ninguno quiere pagar la cuenta; mientras, en la mesa de al lado, otra pareja discute por la razón opuesta: cada uno quiere invitar al otro. Otro caso: hay un solo ordenador en la casa y él deja su trabajo para más tarde porque sabe que ella debe levantarse muy temprano para ir a trabajar. ¿Mucho esfuerzo? El amor lo alivia. No se sufre por la entrega, no hay capitulación, sólo dicha. No hay contabilidades ni cuentas por cobrar; es la amnesia de los enamorados.

Insisto, no intento hacer una apología del mito de la incondicionalidad afectiva (sin duda, donde más desertores he visto es en el tema del amor) o exaltar algún tipo de altruismo relamido; lo que sostengo es que cuando el amor se da con madurez, el proceso afectivo se hace más cómodo, los sacrificios dejan de serlo y la generosidad desplaza al ego; el amor deja de doler, el sufrimiento adquiere un significado más próximo a la compasión. Octavio Paz[12] cuenta que Unamuno, ya viejo, decía: «No siento nada cuando rozo las piernas de mi mujer, pero me duelen las mías si a ella le duelen las suyas». Eso es el *ágape*.

«El amor conlleva su propia disciplina», que en realidad no es disciplina, sino «virtud afectuosa». *Cuando el ágape me lleva de la mano, la dulzura no tarda en llegar y es muy fácil quererte bien y muy sencillo acariciarte.*

Para no hacer sufrir

- Puedes crear las condiciones para que el *ágape* se fortalezca. Hazte las siguientes preguntas: «¿Qué espera mi pareja de mí?», «¿Cuáles son sus necesidades?», «¿Puedo hacerle la vida más fácil y agradable?». No subestimes sus preocupaciones, no juzgues su sufrimiento: abre tu mente y escúchala. ¿O acaso crees que *tus* problemas son más «importantes» y «racionales»? No eres el centro del universo, por suerte. Métete en su mundo, escrutina su ser, pero no como lo hacen los obsesivos o los desconfiados, sino con la serenidad que confiere el *ágape*. Recuerda: ponerte en su lugar no es «fusionarte» hasta perder tu esencia, es compartir, partir en dos el dolor, unir dos individualidades.

- Retira aquellas exigencias que no sean vitales; y no esperes a mañana, hazlo ya. Si de verdad amas a tu pareja, aprovecha cada minuto. Recuerdo el caso de un hombre que sólo cambió su estilo violento cuando supo que su mujer tenía cáncer; la culpa lo hizo pasar de la insensibilidad total a la atención permanente. Sin embargo, nunca pudo sentirse tranquilo, nunca se perdonó a sí mismo; cuando su esposa finalmente falleció, los remordimientos aumentaron en vez de decrecer. Todavía lo lamenta: es verdad que cuidó de su esposa, pero su motivación obedecía a la necesidad de aliviar los sentimientos de culpa, y no al altruismo desinteresado que caracteriza al *ágape*. Llegó tarde.

- El egoísta siempre sufre: por un lado vive pendiente de que no le quiten la mejor tajada, y eso cansa; y, por otra parte, su actitud genera rechazo social, por lo que suele terminar sus días en la más absoluta soledad. El gran problema del egoísta es que no puede pasar inadvertido: el avaro se nota, salta a la vista. Trata de pensar en los otros un día entero, sin involucrar el «yo»; comprobarás lo difícil que es. La cultura nos ha enseñado a ser buenos receptores, pero malos dadores y, aunque no lo creas, dar puede resultar tan placentero como recibir.

- Recuerda que el *ágape* no implica ir en contra de tu dignidad, de lo que se trata es de que seas capaz de desprenderte de algunos privilegios si eso le hace bien a tu pareja. No me refiero a la buena acción de los *boy scouts* ni a que negocies con tus principios, sino a que seas capaz de renunciar a cosas cuando haya que hacerlo, que aprendas a perder. Si lo piensas bien, ¿qué cosas son realmente imprescindibles en tu vida? Supongamos que la persona que amas tuviera una extraña enfermedad y sólo pudiera curarse si entregaras todo lo que tienes: bienes, fama, poder, posición, absolutamente todo. ¿Lo harías? Si tu respuesta es «no», tu relación carece de *ágape*; quizá estés con la persona equivocada, o sencillamente el amor se haya acabado (conozco hombres que prefieren enviudar a la quiebra económica). Si tu respuesta es un rotundo «sí», tu relación está bien encaminada: el *ágape* está vivo.

- La mayor parte de la gente que pasa por situaciones extremas, como por ejemplo un secuestro, una enfermedad terminal, la muerte de un hijo o el exilio forzoso (por citar algunos casos), descubren que la posición social, el prestigio o el poder económico no son tan importantes como creían. Son una pura ilusión que se desvanece. ¿Necesitas una situación límite para darte cuenta de lo que tienes, del *ágape* que te falta? Si el dolor de tu pareja no te afecta, no hay amor.

- No olvides que el *ágape* es ternura; el amor agápico rescata el lenguaje natural del amor: tú ya lo tienes incorporado, dispones de él porque es producto de millones de años de evolución; no necesitas hacer un curso para abrazar y complacer a la persona amada (o eso espero, por el bien de tu pareja). Quizá el miedo o la vergüenza te frenen, pero el miedo se vence afrontándolo, sufriendo un poco —positivamente— por amor.

- Genera a tu alrededor una lluvia de afecto entre las personas que amas, sin distinción ni condiciones; muéstrales lo que sientes por ellas. ¿Cómo podría existir y sobrevivir el *ágape* sin la expresión del afecto? Deja que el cariño brote y se exprese con libertad, ¿qué puedes perder? ¿Te sientes ridículo expresando estima? Siento contradecirte, pero pareces mucho más trivial en el papel de hipercontrolado juicioso: es más tragicómica la contención que la euforia. ¿O prefieres esperar a que tu pareja busque fuera lo que no tiene en casa?

EL DOLOR QUE NOS UNE

Es un hecho que el dolor se sufre más fácilmente y persiste por más tiempo que el placer; los seres humanos somos especialmente sensibles al sufrimiento. Placer y dolor son la cara y la cruz de la existencia, el dolor nos empuja hacia nuestro interior y nos aísla del mundo, mientras que el placer nos abre y nos vuelve indolentes. Un enamorado entregado plenamente al goce del amor es poco menos que un ente abstracto (el nirvana adormece), pero ante la posibilidad de perder a su amada, el mismo individuo saltaría como un resorte e intentaría restaurar el control afectivo.

Por ejemplo, si llegaras de un viaje corto y descubrieras que tu pareja no te ha extrañado, es probable que te preocupes e interpretes su comportamiento como «sospechoso» de desamor. Pero si por el contrario la encontraras al borde de un colapso nervioso, angustiada y con síntomas depresivos debido a tu ausencia, confirmarías que sí te ama. Obviamente te interesarías por su salud, pero en tu interior, en lo más profundo y oscuro de tu conciencia, una mezcla de orgullo y tranquilidad te haría sentir bien: «¡Cuánto me ama!». Asociamos el amor al dolor, ésa es la verdad.

Teilhard de Chardin[13, 14] afirmaba que existe una ley natural que dice que todo éxito se paga con un gran porcentaje de fracasos: crecer es sufrir, es irremediable. Para Kant,[15] el dolor es una especie de bendición que nos salva del orgasmo letal que tendría lugar si el impulso irrefrenable del placer siguiera indefinidamente su curso. Dicho de otro modo: el dolor como «bendición» que se intercala entre un deleite y otro para que no muramos de dicha y evitemos la «indolencia» del hombre feliz. Está prohibido ser feliz. Jalil Gibrán,[16] en un sentido similar pero más poético, decía que la tristeza no es más que un muro entre dos jardines.

Sea como fuere, el placer nos acuna y el dolor nos aguijonea. No importa el sentido que le demos, la naturaleza nos cuida: cuando algo nos genera sufrimiento, todo el organismo se dispone a eliminar su causa; lo curioso es que a veces el dolor ajeno nos duele tanto o más que el propio: se trata de un sufrimiento profundo, inexplicable desde la biología. Es la necesidad imperiosa de ponerse en el lugar del ser amado cuando sufre.

Recuerdo el caso de un adolescente cuyo anciano padre había sido secuestrado, y que propuso a los secuestradores intercambiarse por él, ya que el hombre estaba enfermo. Una vez hecho el intercambio, el joven estuvo un año cautivo. Cuando finalmente lo soltaron, me contó que durante su confinamiento, en los momentos de mayor desesperación, un solo pensamiento lo mantuvo en pie: «De estar aquí, mi padre ya estaría muerto». No era valentía ni audacia, sólo *ágape* en estado puro. El amor guía el sistema de valores y lo reafirma, lo absorbe. ¿Qué otra motivación fuera del amor podría haber tenido aquel joven? El valor de la benevolencia, el *ágape*, es preservar y reforzar el bienestar de las personas cercanas amadas.[17]

Las reglas de oro de la convivencia

Si quisiéramos establecer una regla universal de convivencia que nos permitiera vivir en pareja y en sociedad de manera constructiva, ¿qué deberíamos ponderar más: evitar el dolor o administrar el placer? Algunos dirán que ambas cosas son primordiales, y estamos de acuerdo, pero si solamente pudieras seleccionar una de las dos opciones, ¿cuál elegirías? Qué sería más importante para tu convivencia de pareja, ¿generar placer o evitar el dolor?

Ya vimos que el intercambio de reforzadores es determinante para la *philia* y el placer es imprescindible para el *eros*, pero ¿cómo se relaciona el dolor con el *ágape*?

El dolor tiene un lenguaje más categórico y absolutista que el placer. Si alguien con dolor de muelas se encuentra con otra persona en la misma situación, la identificación sería inmediata: «¡Esto es horrible!», diría uno; y, con seguridad, el otro asentiría con vehemencia, el acuerdo sería total. Pero si tuvieran que hablar de sus respectivos orgasmos o de su plato preferido, la coincidencia dejaría de ser tan precisa, la descripción mostraría cierta variabilidad tanto en la parte operativa como en la subjetiva: nos parecemos más en el dolor que en el placer. La mayoría de las personas soportarían más fácilmente la ausencia de placer que la presencia de dolor: *lo primero deprime, lo segundo enloquece.*

Veamos algunas de las máximas de convivencia («reglas de oro») más relevantes, y pensemos cuál de ellas se acomodaría mejor a nuestra vida afectiva.

1. La madre de todas las reglas: «Ama a tu prójimo como a ti mismo». Se atribuye primero a Moisés (Lev. 19, 18) y luego a Jesús (Lc. 10, 27). Su mandato es claro: dar la misma importancia a los intereses de otros que a los propios,

ponernos en la piel de los demás. ¿Es posible obtener semejante amor? ¿Eres capaz de amar no sólo a *tus* hijos sino a *todos* los hijos del mundo? Es muy difícil, aunque vale la pena intentarlo. Pese a su complejidad, «Amar al prójimo como a nosotros mismos» nos permite entrelazar el amor a los otros con el que sentimos por nosotros mismos. *Amarte como me amo es aceptar que hay un «yo», es reconocerme como un ser legítimo que merece ágape y lo otorga.*

2. Otra formulación cristiana es la que aparece en el Nuevo Testamento (Mt. 7, 12), y dice: «Tratemos a los demás como nos gustaría que nos trataran». Aparentemente, la premisa no tiene objeciones; sin embargo, tiene un «pero». Bernard Shaw, citado por Savater,[18] lo señaló claramente: «No siempre hagas a los demás lo que desees que te hagan a ti: ellos pueden tener gustos diferentes». Y es verdad, sería absurdo regalarle a mi pareja en el día de su cumpleaños una caja de herramientas porque «eso es lo que me gustaría que ella me regalara». *No puedo acariciarte como desearía que me acariciaras sin correr el riesgo de incomodarte y no puedo amarte exactamente como yo quisiera que me amaras, porque sería desconocer tus preferencias. En definitiva: no puedo suponer que necesitas las mismas cosas que yo.*

3. Rousseau[19] señala que la regla anterior es una «máxima sublime de justicia». Sin embargo, propone en su lugar «otra máxima de bondad natural, mucho menos perfecta, pero más útil». Yo agregaría: más razonable y con menos riesgos potenciales. «Haz el bien con el menor daño posible al prójimo.» Aquí ya se tiene en cuenta el dolor del otro, la ineludible realidad de su capacidad de sufrir. *Si te amo de verdad, mi primera meta, mi primer objetivo afectivo, será no hacerte sufrir, ésa es la condición esencial para que el amor florezca: procurar tu bienestar sin molestias, al menos intentarlo seriamente; ponerme en tu lugar, o mejor, en tu dolor, y desde allí amarte, no como un extraño o como un extranjero, sino como parte esencial de tu vida.*

4. Voltaire[20] nos sugiere otra opción para empezar a construir y cimentar cualquier vínculo social: «No hagas a los demás lo que no quieres que te hagan». Darwin[21] llegó a la misma «regla de oro» partiendo de la idea del instinto social. Así se desarrolla el *ágape*: empezando por la no violencia, por la retirada del poder, por el respeto, por el dolor que nos une. *No te haré nada que no quisiera que me hicieras. Daré un paso atrás, un paso amable, para luego avanzar sobre lo positivo. Después ensayaré tus gustos, pero sólo cuando tenga claro lo que no te gusta. No puede cre-*

cer el amor si no se abona primero la tierra del buen trato. Es muy fácil saber cuáles son tus derechos, basta con conocer los míos.

La regla de oro que expone Voltaire sobre la tolerancia es la antesala del *ágape*, lo cual no significa que la norma no pueda ponerse al servicio de un fin antiagápico. Por ejemplo, un ermitaño afectivo (esquizoide) podría utilizar la premisa volteriana y acomodarla a su indiferencia: «Como la idea es que no te haga lo que no me gustaría que me hicieras, entonces he decidido no amarte». Aun así, aunque la patología pueda crear excepciones a la mencionada regla, pienso que en el dolor nos vemos más identificados los unos con los otros: no te haré sufrir ni me harás sufrir, ése es el trato para que el *ágape* sea motivo de felicidad.

La compasión

Compasión significa compartir el dolor, identificarse con el sufrimiento ajeno, hacerlo propio. Es la pasión como acto de padecer: partir el dolor en dos. No sólo es meterme en tu piel, sino sentir lo que tú sientes.

Esto no quiere decir que debamos aceptar los motivos del que sufre, más bien se trata de una reacción afectiva que rehúsa ser indiferente o insensible; la aceptación amorosa del sufrimiento no requiere de tanta explicación. De acuerdo con Buda en una de sus parábolas,[22] es como si hirieran a alguien con una flecha envenenada y el sujeto herido no se dejara extraer la flecha hasta no saber con certeza quién le disparó, a qué casta de guerreros pertenecía el agresor o cuál era su linaje. Obviamente, moriría antes de obtener las respuestas. El sufrimiento humano siempre es urgente y perentorio para quien lo padece, y muchas veces «pensar correctamente» cuando el dolor está en su apogeo es imposible o incluso poco adaptativo. Respetar el dolor ajeno e identificarse con él tampoco significa que debamos quedarnos de brazos cruzados o llorando junto a la víctima; no se trata de sumar más sufrimiento al sufrimiento, sino de intervenir desde el *ágape*.

La compasión, entonces, es más afectiva que cognitiva, más visceral que pensante. Schopenhauer[23] se refería a la piedad como una «virtud afectiva», el amor puro y destinado al prójimo; y Rousseau (véase la nota 19) decía que «la piedad es un sentimiento natural que, al moderar en cada individuo la actividad del amor a sí mismo, concurre en la conversación mutua de todas las especies». Una pizca de razón y mucho afecto, de eso se trata.

Por eso la compasión, al igual que el amor, no se obliga. El altruismo que surge de la imposición es enclenque y mentiroso, además no puede generalizarse ni alcanzar el nivel de la «gran compasión» (*ágape*) a la que se refieren los budistas.[24] La compasión es la energía básica de la cual se nutre el altruismo, es decir, *la capacidad de ayudar a los demás (pareja incluida) sin otro motivo que querer hacer el bien, despojados de todo interés o intención de beneficiarse.*[25]

Simpatía (de origen griego) y compasión (de origen latino) pueden ser vistas como sinónimos. Es la ética del amor, el *ágape* que se contrapone a la crueldad e impide que el egoísmo eche raíces. El egoísmo consiste en: «Poner el propio bien, interés o provecho por encima del de los demás».[26] La indiferencia, en desconocer las necesidades del otro, la despreocupación esencial. Veamos dos ejemplos.

La secretaria de un amigo invitó al chófer de su patrón a comer un helado a la hora del almuerzo. Éste aceptó gustoso y le propuso un sitio cercano. El problema surgió cuando ella fue a pagar, ya que los helados eran importados y muy caros; la mujer se quedó sin un céntimo y tuvo que pedir dinero prestado para poder pagar. Cuando se le preguntó al hombre por qué había elegido un lugar tan caro, soltó una carcajada y dijo que, como recibía tan pocas invitaciones, «tenía que aprovechar». Alguien le reprochó su conducta aprovechada, y su respuesta fue lapidaria: «El problema es de ella: ¡quién la manda ser tan boba!». Es decir, la culpa no era de él, sino de la secretaria que se «había dejado».

De acuerdo con esta manera de pensar, no hay abusadores, sino «torpes abusados», ni hay explotadores, sino «débiles explotados»; la responsabilidad del daño no es tanto del depredador como de la *fragilidad de la víctima*. En otras palabras: «¡Me aprovecho de los demás porque se lo merecen!».

Los psicólogos llamamos a esta forma de entender la vida, en la que el más fuerte (o el más «listo») se impone al más débil (o al más «ingenuo»), *personalidad antisocial*. Es la ley de la selva y la supervivencia del más apto, el ojo por ojo, la imposición de la fuerza como forma de vida: sobrevivir más que convivir.

En cierta ocasión un señor asistió a mi consulta para que lo ayudara en su relación de pareja porque, según él, su mujer «se le había ido de las manos». En realidad, pretendía que yo hablara con la esposa para convencerla de que se sometiera a sus exigencias: «Usted es varón, doctor, y me entiende. Si ella ve que un profesional me apoya, cambiará de opinión». La cuestión giraba en torno a los celos del señor y su consecuente conducta agresiva, pero lo que más me llamó la atención fueron los argumentos con los que el hombre trató de justificar el castigo que le propinaba a la mujer:

PACIENTE: La culpa la tiene ella. Si me ve furioso, ¿para qué me incita, para qué me torea?

TERAPEUTA: ¿De qué manera lo «incita» o lo provoca?

PACIENTE: ¡Me contesta cuando la regaño! ¡Me agrede verbalmente!

TERAPEUTA: Bueno, es de esperar; usted me dijo que cuando se ofusca la trata de prostituta y, a veces, le pega. ¿No le parece lógico que ella reaccione? ¿O esperaba que ella no se defendiera?

PACIENTE: ¡Eso! ¡Usted ha dado en el clavo! Es cuestión de inteligencia, nadie discute con un borracho o con un loco...

TERAPEUTA: Pero por lo que he entendido, usted no es alcohólico ni tiene problemas mentales; al menos eso parece...

PACIENTE: Pero en esos momentos me transformo. Cuando veo que la miran o que ella empieza a coquetear, pierdo el control. ¡Es ella la que me empuja a los celos con su manera de caminar y de mirar a los demás hombres!

TERAPEUTA: ¿Ha intentado utilizar métodos menos drásticos y más respetuosos? Si realmente su esposa fuera tan coqueta como dice, ¿no sería mejor hablar sobre el asunto en vez utilizar la violencia?

PACIENTE: ¡Por favor! ¡Después de veinte años de casados ya debería haberse acostumbrado! Además, no es para tanto, no vaya a creer que soy un salvaje y que la lastimo de verdad. Ya se lo he dicho a ella: «¡Si tuvieras un marido maltratador de verdad, sabrías lo que es vivir mal!». Mire, doctor, yo soy un buen hombre, soy responsable, trabajador, adoro a mis hijos y a ella no le falta nada, la tengo como a una reina...

TERAPEUTA: Quizá todo eso no sea suficiente, quizá ella necesite otras cosas.

PACIENTE: ¿Como qué?

TERAPEUTA: Delicadeza, comunicación, respeto, ¿qué opina de eso?

La posición de mi paciente estaba muy lejos de una concepción *agápica* del amor. En primer lugar, no era capaz de ponerse en el lugar de su mujer, ya que su manera de procesar la información era marcadamente egocéntrica. En segundo lugar, no se sentía responsable del maltrato, porque consideraba que ella lo provocaba. Finalmente, pensaba que su esposa era poco inteligente, puesto que no había desarrollado la tolerancia al dolor necesaria para soportar su maltrato. A la segunda cita, cuando comprendió que yo no iba a ser su aliado, no regresó.

Para la mentalidad psicopática, el atropello siempre está justificado. Por ejemplo, muchos violadores aseguran que son víctimas de las mujeres bonitas y sensuales, porque ellas los impulsan a comportarse de ese modo. Fundamentar el abuso en supuestos atenuantes es confundir la explicación con la justificación. El término «explicar» se refiere a los factores causales que desencadenan un fenómeno determinado, mientras que «justificar» implica la fundamentación ética de un comportamiento en relación con determinado código de conducta. Por ejemplo, podríamos «explicar» por qué Hitler desarrolló tanto odio hacia los judíos apelando a cualquier teoría psicológica, pero eso no «justificaría» de ninguna manera el holocausto.

El error se disculpa, pero la maldad requiere un proceso mucho más complejo que la simple excusa: el perdón.[27] Perdonar es recordar sin odio, es pasar el duelo del rencor,[28] por eso tiene que ver con el amor. En la «explicación» no necesito involucrarme emocionalmente, la ciencia me ayuda; pero en la «justificación» asumo una posición personal en la que la ética se mezcla con lo afectivo.

En una dieta podría pensarse que un helado no tiene importancia, pero sí la tiene. El total no define el alcance de la afrenta: el que abusó de un niño no es menos culpable que el que abusó de diez. ¿Puede alguien ser «más o menos» ladrón o asesino? Es imposible. Algunos valores no admiten puntos medios.

El *ágape* es la dimensión más elaborada del amor de pareja, aunque requiere del *eros* y la *philia* para formar una relación completa. El afecto se decanta con los años, recalca su esencia, subraya su naturaleza original: el *eros* se calma y se transforma en erotismo, la *philia* se profundiza y el *ágape* toma las riendas.

Para no sufrir ni hacer sufrir

- Niégate a todo tipo de agresión, no conviertas tu relación en un campo de batalla. Puedes crear inmunidad a la violencia en cualquiera de sus formas, con tan sólo decir «no» tres veces, negándote a tres cosas, pase lo que pase. Puedes escribirlo y firmar con tu pareja el compromiso. Me comprometo a:
  - No subestimar el dolor de mi pareja (compasión).
  - No agredir a mi pareja de ninguna manera y no aprovecharme de sus debilidades (dulzura, delicadeza).
  - No fomentar la indiferencia afectiva, la frialdad, la falta de contacto físico o la ausencia de caricias (expresión de afecto positivo).
- El *ágape* es maternal, por eso el descuido es desamor; no importa la excusa que des, nada disculpa el abandono afectivo de la persona que amas. Y si crees que eso te convertirá en dependiente, despreocúpate: hay una forma de cuidado que no es codependencia, que va más allá del apego; es el gusto de dar, de hacer el

bien a quien amamos. No hablo de sobreprotección, sino de atención amorosa, de vigilancia afectiva y efectiva para buscar el bienestar del otro. Tampoco digo que tengas que desvelarte como lo hacen los padres aprensivos, más bien se trata de estar dispuesto y disponible para cuando te necesite la persona que amas. Tu pareja no es tu hijo, es verdad, pero el *ágape* no hila tan fino: cuando hay que dar, se da.

- Si sientes que los problemas de la vida diaria te alejan de tu pareja, tu relación está en peligro. En las malas épocas, las buenas relaciones se fortalecen, y las disfuncionales se acaban; el dolor compartido puede unirte, más que separarte. Si tenéis problemas económicos, luchad juntos; si os echan del lugar donde vivís, buscad otro, dormid en la calle, pero juntos; porque el sufrimiento es menor si se divide en dos; y si hay una enfermedad en la familia, que sea motivo de unión, de trabajo en equipo. Cada vez que las dificultades afecten a tu pareja, recuérdale que no está sola, que no eres un desertor o una desertora, y que puede contar contigo. Un amor completo no se agota en el placer del sexo ni en la alegría de que el otro exista, necesita estar preparado para el sufrimiento compartido. El *ágape* se reafirma en el dolor al que la vida obliga.

EPÍLOGO

A lo largo del presente texto, he separado los tres componentes básicos del amor y he profundizado en cada uno de ellos sin perder de vista que el amor completo y saludable requiere de todas las facetas mencionadas. La *pasión*, la *amistad* y la *ternura* conforman un mosaico dinámico de posibilidades que, bien armonizadas, ayudan a comprender y a vivir el amor sin tanto sufrimiento.

Podríamos decir que cada pareja crea su propio estilo afectivo, según sea el predominio del *eros*, la *philia* o el *ágape*. Hay parejas más «eróticas», más «phílicas» o más «agápicas».

La pregunta que surge es: ¿pueden coexistir las tres dimensiones a la vez, es decir, parejas «eroticophilicoagápicas»? Mi respuesta es un *sí* contundente. Y no estoy hablando de relaciones idealizadas o de las superparejas que sólo existen en la imaginación de los ilusos; a lo que me refiero es a la posibilidad de construir un conjunto afectivo estable en el que los tres complementos básicos del amor estén presentes cumpliendo, al menos, dos condiciones básicas:

- Que ninguna de las tres dimensiones se encuentre por debajo del nivel mínimo de funcionamiento que precise la pareja.
- Que cada componente pueda activarse cuando la situación o la necesidad así lo requiera.

En los comienzos de una relación es posible que la estructura afectiva sea escalonada hacia abajo: mucho *eros*, algo de *philia* y *ágape* en formación:

EROS   PHILIA   ÁGAPE

Con los años, si la relación ha sido buena, la estructura se invierte sin perder ningún componente: mucho *ágape*, bastante *philia* y erotismo sostenido.

EROS   PHILIA   **ÁGAPE**

Entonces, dependiendo de distintas variables (como los ciclos vitales, el tiempo de la relación, la personalidad y las necesidades personales), el estilo afectivo de una pareja estará determinado por las distintas combinaciones de *eros*, *philia* y *ágape*, sean éstas normales o patológicas.

Aunque las posibilidades pueden ser muchas, presentaré algunos ejemplos que reflejan la idea principal que deseo transmitir.

Caso A: Pareja funcional con predominio de la *philia*

EROS **PHILIA** ÁGAPE

La estructura de esta relación es mayoritariamente «phílica» (amistosa), aunque también hay un nivel aceptable de *eros* y *ágape*: serán compañeros afables, tendrán relaciones sexuales satisfactorias y el trato interpersonal será respetuoso y cariñoso.

Es importante señalar que el predomino de un componente (en este caso, la *philia*) no excluye necesariamente los otros dos. Decir que una pareja es «más amistosa» que *erótica* o *agápica* significa que sus puntos de contacto son más fuertes en la *philia* que en el placer sexual *(eros)* o en la compasión *(ágape)*, sin que ello implique que la sexualidad y la ternura estén alteradas. Más bien se trata de matices, de tonalidades afectivas que pueden ir cambiando de acuerdo con las situaciones. Por ejemplo, si en el caso A se activara el *eros*, la estructura adoptaría una nueva forma, por lo menos mientras dure la pasión:

EROS   PHILIA   ÁGAPE

Caso B: Pareja ideal inexistente

Desde un punto de vista teórico, la relación perfecta sería aquélla en la que los tres elementos estuvieran igualados por lo alto *todo el tiempo*:

EROS   PHILIA   ÁGAPE

Las personas que sueñan con semejante amor viven en permanente frustración, ya que mantener los tres elementos activados *todo el tiempo* es psicológica y fisiológicamente imposible. Sin embargo, esto no significa que en ciertas ocasiones no sintamos el efecto de un eclipse mágico, fugaz e indescifrable en el que los tres elementos logren alinearse por lo alto.

Caso C: Pareja disfuncional con un *eros* insuficiente

Una disminución significativa de uno de los componentes podría hacer que la relación del caso A adopte una estructura disfuncional. Por ejemplo, si el *eros* estuviera poco desarrollado, el esquema sería el siguiente:

EROS **PHILIA ÁGAPE**

Los miembros de esta pareja hipotética serían muy amigos y se preocuparían cada uno por el bienestar del otro (no violencia, delicadeza en el trato), pero su sexualidad estaría muy disminuida en frecuencia o calidad. Tal como vimos en los distintos apartados del libro, esta distribución no debe confundirse con aquella que se da en las parejas que llevan muchos años de casados, aquellas en las que la frecuencia sexual puede verse disminuida pero el erotismo se mantiene vivo pese a todo.

También podría darse el caso en que el *eros* estuviera ausente:

– – – – **PHILIA** ÁGAPE

La unión, entonces, estaría sustentada en una típica «relación de amigos» o lo que se conoce como un matrimonio por conveniencia.

Caso D: Pareja disfuncional masoquista

– – – –   – – – –   – – – –

En resumen, podría decirse que cada pareja organiza sus propias posibilidades y predilecciones afectivas tratando de obtener un esquema psicológico/emocional en el que «los tres amores con que amamos» estén presentes. La carencia de cualquiera de ellos nos hará sufrir.

La propuesta es que de manera consciente, racional y realista cada uno busque su propio perfil sin perder ninguno de los tres componentes. Si eres muy afectuoso, tierno y disfrutas mimando a tu pareja, el *ágape* será muy importante para ti; si eres una persona más bien fogosa, inquieta por experimentar distintas formas de placer y fantasías eróticas, el *eros* cobrará peso y relevancia; y si lo que más te gusta de una relación es encontrar una compañera o un compañero de andanzas, la *philia* será la que mande. Reconocer en uno mismo y en el otro los gustos y predilecciones incrementará las posibilidades de que haya una mejor adaptación y una comunicación más fluida.

Tal vez ya esté todo dicho en el amor, tal vez no haya nada que agregar ni nada por definir; quizá lo único que nos quede sea hacer variaciones sobre el mismo tema, concebirlo, imaginarlo y reinventarlo para nosotros mismos como un juego interminable de opciones; así, podríamos tratar de obtener la mayor felicidad posible con el mínimo coste, sin angustia ni sufrimiento.

NOTAS

PRIMERA PARTE: *EROS*. EL AMOR QUE DUELE

1. Platón (1985). *El banquete*. Barcelona: Icaria.
2. Paz, O. (1995). *La llama doble*. Barcelona: Seix Barral.
3.. Jankowiak, W. (1995). *Romantic Passion: An Universal Experience?* Nueva York: Columbia University Press.
4. Ackerman, D. (1994). *Una historia natural del amor*. Barcelona: Anagrama.
5. Platón (2002). *Diálogos*. Barcelona: Gredos.
6. Ellis, A. (2000). «El amor neurótico: sus causas y tratamiento». En B. Shawn (comp.), *Vivir en una sociedad irracional*. Barcelona: Paidós.
7. Ellis, A. (1990). «Aplicación de la terapia racional-emotiva a los problemas del amor». En A. Ellis y R. Rieger (eds.), *Manual de terapia racional-emotiva*. Bilbao: DDB.

8. Katz, J. M. (1976). «How Do You Love Me? Let Me Count the Ways». En *Sociological Inquiry*, 46, 17-22.

9. Tennov, D. (1979). *Love and Limerence: The Experience of Being in Love*. Nueva York: Stein and Day.

10. Beck, A. (1998). *Con el amor no basta*. Barcelona: Paidós.

11. Beck, J. S. (1995). *Cognitive Therapy: Basics and Beyond*. Nueva York: The Guilford Press.

12. Singer, L. (1987). *The Nature of Love*. Chicago: University of Chicago Press.

13. Stendhal (Beyle, Henri) (1994). *Del amor*. Madrid: Edaf.

14. Brown, E. M. (1991). *Patterns of Infidelity and Their Treatment*. Nueva York: Brunner & Mazel.

15. Riso, W. (2000). *Jugando con fuego*. Bogotá: Norma.

16. Kreuz, A. (2000). «La infidelidad de la pareja». En J. N. Góngora y J. P. Miragaia (eds.), *Parejas en situaciones difíciles*. Barcelona: Paidós.

17. Hatfield, E. y Rapson, R. L. (1996). *Love and Sex: Cross-Cultural Perspectives*. Massachusetts: Needham Heigthts.

18. Riso, W. (1998, 2008). *La afectividad masculina*. Barcelona: Planeta/Zenith.

19. Riso, W. (1996). *Deshojando margaritas*. Bogotá: Norma.

20. Lazarus, A. A. (1989). *Los mitos maritales*. Buenos Aires: IPPEM.

21. Israelt, A. L. y Stewart, S. H. (2001). «Memory Bias for Forbidden Food Cues in Restrained Eaters». En *Cognitive Therapy and Research*, 25, 37-49.

22. Ingram, R. E., Miranda, J. y Segal, Z. (1998). *Cognitive Vulnerability to Depression*. Nueva York: The Guilford Press.

23. Whisman, M. A. y Delinsky, S. S. (2002). «Marital Satisfaction and an Information-Processing Measure of Partner-Schemas». En *Cognitive Therapy and Research*, 26, 617-629.

24. Fromm, E. (1998). *El arte de amar*. Barcelona: Paidós Ibérica.

25. Leahy, R. L. (1999). «Decision Making and Mania». En *Journal of Cognitive Psychotherapy: An international Quarterly*, 13, 83-105.

26. Leahy, R. L. (2000). «Mood and Decision-Making: Implications for Bipolar Disorder». En *The Behavior Therapist*, 23, 62-63.

27. Riso, W. (2000). *¿Amar o depender?* Barcelona: Planeta/Zenith.

28. Hughes, H. C., Martsof, D. S. y Zeller, R. A. (1998). «Depression and Codependency in Women». En *Archives of Psychiatric Nursing*, 6, 326-334.

29. Whiffen, V. E., Kallos-Lilly, V. A. y MacDonal, B. J. (2001). «Depression and Attachment in

Couples». En *Cognitive, Therapy and Research*, 25, 577-590.

30. Liebowitz, M. R. (1983). *The Chemistry of Love*. Boston: Little, Brown and Company.

31. Fisher, H. E. (1996). *Anatomía del amor*. Buenos Aires: Emecé.

32. Reus, V. I. (1996). «Trastornos del estado de ánimo». En H. H. Goldman (ed.), *Psiquiatría General*. México: Manual Moderno.

33. Kaplan, H. I. y Sadock, B. J. (1999). *Sinopsis de psiquiatría*. Madrid: Editorial Médica Panamericana.

34. Stoddart, M. D. (1990). *The Scented Ape*. Cambridge University Press.

35. Corbin, A. (1986). «The Foul and Fragant: Odor and French Social Imagination». En *Americal Historical Review*, 92, 1220-1221.

36. Fisher, H. (2000). *El primer sexo*. Madrid: Taurus.

37. Fisher, H. (1998). «Lust, Attraction and Attachment in Mammalian Reproduction». En *Human Nature*, 9, 23-52.

38. Spinoza, B. (1995). *Ética*. Madrid: Alianza Editorial.

39. García, C. y Guzmán, A. (1995). *Antología de la literatura griega*. Madrid: Alianza Editorial.

40. Comte-Sponville, A. (2001). *El amor y la soledad*. Barcelona: Paidós.

41. Sierra, J. C. y Buela-Casal, G. (2001). «Evalua-

ción y tratamiento de las disfunciones sexuales». En G. Buela-Casal y J. C. Sierra (eds.), *Manual de evaluación y tramientos psicológicos*. Madrid: Biblioteca Nueva.

42. Crespo, M., Labrador, J. F. y de la Puente, M. L. (1995). «Trastornos sexuales». En A. Belloch, B. Sandín y F. Ramos, *Manual de psicopatología* (I). Madrid: McGraw-Hill.

43. López-Ibor, J. y Valdés, M. (2002). *Manual diagnóstico y estadístico de los trastornos mentales (DSM-IV-TR)*. Barcelona: Masson.

44. Martín, A. F. (2000). «La coerción y la violencia sexual en pareja». En J. N. Góngora y J. P. Miragaia (eds.), *Parejas en situaciones difíciles*. Barcelona: Paidós.

45. Eysenck, H. J. (1979). *Usos y abusos de la pornografía*. Madrid: Alianza Editorial.

46. Comte-Sponville, A. (2001). *El mito de Ícaro*. Madrid: Machado Libros.

47. Schopenhauer, A. (2000). *El mundo como voluntad y representación*. México: Editorial Porrúa.

48. Comte-Sponville, A. (1997). *Pequeño tratado de las grandes virtudes*. Barcelona: Editorial Andrés Bello.

49. Krishnamurti, J. (1992). *Temor, dolor y placer*. México: Editorial Orión.

50. Etcoff, N. (2000). *La supervivencia de los más guapos*. Barcelona: Debate.

51. Sigall, H. y Ostrove, N. (1975). «Beautiful but Dangerous: Effects of Offender Attractiveness and Nature of Crime on Juridic Judgment». *Journal of Personality and Social Psychology*, 31, 410-414.

52. Bar-Tal, D. y Saxe, L. (1976). «Perceptions of Similarity and Disimilarity in Attractive Couples and Individuals». En *Journal of Personality and Social Psychology*, 33, 772- 781.

53. Cunningham, M. R. (1986). «Measuring the physical in Physical Attractiveness: Quasi Experiments on the Sociobiology of Female Facial Beauty». En *Journal of Personality and Social Psychology*, 50, 925-935.

54. Luna, I. (2001). «Mujer, belleza y psicopatología». En *Revista Colombiana de Psiquiatría*, 4, 383-388.

55. Singh, D. (1993). «Adaptive Significance of Female Phsysical Attractiveness: Role of Waist-to-Hip-Ratio». En *Journal of Personality and Social Psychology*, 65, 293-307.

56. Kenrick, D. T., Sadalia, E. K., Groth, G. E. y Trost, M. R. (1990). «Evolution, Traits and the States of Human Courtship: Qualifying the Parental Investment Model». En *Journal of Personality*, 58, 97-116.

57. Barber, N. (1993). «The evolutionary Psychology of Physical Attractiveness: Sexual Selection

and Human Morphology». En *Ethology and Sociobiology*, 16, 395-424.

58. Ellis, B. J. y Symons, D. (1990). «Sex Differences in Sexual Fantasy: An Evolutionary Psychological Approach». En *The Journal of Sex Research*, 27, 527-555.

59. Geerm J. H. y Manguno-Mire, G. M. (1996). «Gender Differences in Cognitive Processes in Sexuality». En *Annual Review of Sex Research*, 7, 90-124.

60. Viederman, M. (1988). «The Nature of Passionate Love». En W. Gaylin y E. Person (eds.), *Passionate Attachments: Thinking About Love*. Nueva York: The Free Press.

61. Wedekind, C., Seebeck, T., Bettens, F. y Paepke, A. J. (1995). «MHC-Dependent Mate Preferences in Humans». En *Proceedings of the Royal Society of London*, 260, 245-249.

62. Durant, W. (1998). *Historia de la filosofía*. México: Diana.

63. Aleixandre, V. (2000). *Antología personal*. Madrid: Visor Libros.

64. Rodríguez, F. (1996). *Sociedad, amor y poesía en la Grecia antigua*. Madrid: Alianza Editorial.

65. Jaeger, W. (1997). *Paidea*. Bogotá: Fondo de Cultura Económica.

66. Newman, C. F., Leahly, R. L., Beck, A. T., Reilly-Harrington, N. A. y Gyulai, L. (2002). *Bipolar*

Disorder. Washington: American Psychological Association.

67. Power, M. J., Jong, D. y Lloyd, A. (2002). «The Organization of the Self-Concept in Bipolar Disorders: An Empirical Study and Replication». En *Cognitive, Therapy and Research*, 26, 431-562.

68. Marraziti, D. (1998). *La natura dell´amore*. Roma: Rizzoli.

69. Vázquez, C. y Sanz, J. (1995). «Trastornos del estado de ánimo: aspectos clínicos». En A. Belloch, B. Sandín y F. Ramos (eds.), *Manual de psicopatología*. Madrid: McGraw-Hill.

70. Redfield, K. (1998). *Marcados a fuego*. México: Fondo de Cultura Económica.

71. Money, J. (1980). *Love and Love Sickness: The Sciences of Sex, Gender Difference, and Pair Bonding*. Baltimore: John Hopkins University Press.

72. Bowlby, J. (1983). *La pérdida afectiva*. Barcelona: Paidós.

73. Bowlby, J. (1985). *La separación afectiva*. Barcelona: Paidós.

74. Scott, J., Garland, A. y Ferrier, N. (2000). «Cognitive Vulnerability to Bipolar Disorder». En *Psychological Medicine*, 30, 467-462.

75. Young, J. E. (1994). *Cognitive Therapy for Personality Disorders: A Schema-Focused Approcah*. Sarasota, Florida: Professional Resourse Press.

76. Beck, A. T. y Freeman, A. (1995). *Terapia cognitiva de los trastornos de personalidad*. Buenos Aires: Paidós.

77. Cano-Videl, A., Sirgo, A. y Díaz-Ovejero, M. B. (1999). «Control, defensa y expresión de emociones: Relaciones con la salud y la enfermedad». En E. G. Fernández-Abascal y F. Palmero (coord.), *Emociones y salud*. Barcelona: Ariel.

78. Kreitler, S. y Kreitler, H. (1990). «Repression and the Anxiety-Defensiveness Factor: Psychological Correlates and Manifestations». En *Personality and Individual Differences*, 6, 559-570.

79. Martínez-Sánchez, F. (1999). «La alexitimia, un factor de riesgo para el padecimiento de los efectos patógenos del estrés». En E. G. Fernández-Abascal y F. Palmero (coord.), *Emociones y salud*. Barcelona: Ariel.

80. Páez, D. y Castillo. M. M. (2000). *Cultura y alexitimia*. Buenos Aires: Paidós.

81. Kreimer, R. (2005). *Artes del buen vivir*. Barcelona: Paidós.

82. Timmreck, T. C. (1990). «Overcoming the Loss of a Love: Preventing Love Addiction and Promoting Positive Emotional Health». En *Psychological Reports*, 2, 515-528.

83. Peele, S. y Brodsky, A. (1980). *Love and Addiction*. Nueva York: New American Library.

84. Schaeffer, B. (1998). *¿Es amor o es adicción?* Barcelona: Apóstrofe.

85. White, G. L. (1990). «Some Correlates of Romantic Jealousy». En *Journal of Personality*, 49, 129-147.

86. Smith, R. H., Kim, S. H. y Parrot, W. G. (1988). «Envy and Jealousy: Semantic Problems and Experiential Distinctions». En *Personality and Social Psychology Bulletin*, 14, 401-409.

87. Mathes, E. W., Adams, H. E. y Davies, R. M. (1985). «Jealousy: Loss of Relationship Rewards, Loss of Self-Esteem, Depression, Anxiety and Angers». En *Journal of Personality and Social Psychology*, 48, 1552-1561.

88. Bunnk, B. y Hupka, R. B. (1987). «Cross-Cultural Differences in the Elicitation of Sexual Jealousy». En *Journal of Sex Research*, 23, 12-22.

89. Buss, D. M. (1996). *La evolución del deseo*. Barcelona: Alianza Editorial.

90. Kaplan, H. I. y Sadock, B. J. (1999). *Sinopsis de psiquiatría*. Madrid: Editorial Médica Panamericana.

91. Bergson, H. (1994). *Las dos fuentes de la moral y de la religión*. México: Porrúa, S. A.

S<small>EGUNDA PARTE</small>: *PHILIA*. DE LA MANÍA A LA SIMPATÍA

1. Tucker, P. y Aron, A. (1993). «Passionate Love and Marital Satisfaction at Key Transition Points in the Family Life Cycle». *Journal of Social and Clinical Psychology*, 12, 135-147.
2. Udry, J. R. (1980). «Changes in the Frequency of Marital Intercourse from Panel Data». En *Archives of Sexual Behavior*, 9, 319-325.
3. Aron, A. y Henkemeyer, L. (1995). «Marital Satisfaction and Passionate Love». En *Journal of Social and Personal Relationships*, 12, 139-146.
4. Carter, C. S., Devries, C., Taymans, S. E., Roberts, R. L., Williams, J. R. y Getz, L. L. (1997). «Peptides, Steroids and Pair Bonding». En *Annals of the New York Academy of Sciences*, 807, 260-272.
5. Insel, T. R., Young, L. y Wang, Z. (1997). «Molecular Aspect of Monogamy». En *Annals of the New York Academy of Sciences*, 807, 302-316.
6. Morell, V. (1998). «A New Look at Monogamy». En *Science*, 281, 1982-1983.
7. Liebowitz, M. R. (1983). *The Chemistry of Love*. Boston: Little, Brown and Company.
8. Booth, A. y Dabbs, J. M. (1993). «Testosterone and Men´s Marriages». En *Social Forces*, 2, 463-477.
9. Blum, D. (1997). *Sex on the Brain: The Biological*

Differences Between Men and Women. Nueva York: Viking.

10. Macherey, P. (2000). «El Lisis de Platón: dilema entre amistad y amor». En S. Jankelevitch y B. Ogilvie, *La amistad.* Barcelona: Idea Books.

11. Paz, O. (1995). *La llama doble.* Barcelona: Seix Barral.

12. Galán, J. E. (1996). *La vida amorosa en Roma.* Madrid: Editorial Temas de Hoy.

13. Grimal, P. (2000). *El amor en la antigua Roma.* Barcelona: Paidós.

14. Ackerman, D. (1994). *Una historia natural del amor.* Barcelona: Anagrama.

15. Díaz-Plaja, F. (1996). *La vida amorosa en el Siglo de Oro.* Madrid: Editorial Temas de Hoy.

16. Winks, R. W. (2000). *Historia de la civilización: de la prehistoria a 1647.* México: Pearson Educación.

17. Brom, J. (1972). *Esbozo de historia universal.* México: Grijalbo.

18. Voltes, P. (1999). *Historia de la estupidez humana.* Madrid: Espasa.

19. Lipovetsky, G. (1999). *La tercera mujer.* Barcelona: Anagrama.

20. Flandrin, J. L. (1984). *La moral sexual en Occidente.* Barcelona: Ediciones Juan Granica.

21. Shostak, M. (1981). *Nisa: The Life and Words of a Kung Woman.* Cambridge: Harvard University Press.

22. Simpson, J. A., Campbell, B. y Berscheid, E. (1986). «The Association Between Romantic Love and Marriage: Kephart (1967) Twice Revisited». En *Personality and Social Bulletin*, 12, 363-372.

23. Gupta, U. y Singh, P. (1982). «Exploratory Study of Love and Liking and Type of Marriages». En *Indian Journal Applied Psychology*, 19, 92-97.

24. Riso, W. (1997). *De regreso a casa*. Bogotá: Norma.

25. Derrida, J. (1998). *Políticas de la amistad*. Madrid: Editorial Trotta.

26. Comte-Sponville, A. (2001). *La felicidad, desesperadamente*. Barcelona: Paidós.

27. Hatfield, E. (1988). «Passionate and Compassionate Love». En R. J. Stemberg y M. I. Barnes (eds.), *The Psychology of Love*. New Haven: Yale University Press.

28. Sternberg, R. J. (1989). *El triángulo del amor*. Buenos Aires: Paidós.

29. Vernant, J. P. (2000). «Tejer la amistad». En S. Jankelevitch y B. Ogilvie, *La amistad*. Barcelona: Idea Books.

30. Montaigne, M. (2006). *Ensayos* (tomo I). Barcelona: Planeta.

31. Nietzsche, F. (1968). *Obras inmortales*. Madrid: Edaf.

32. Platón (1998). *Lysis o de la amistad. Diálogos*. Bogotá: Panamericana Editorial.

33. Schopenhauer, A. (1998). *El amor, las mujeres y la muerte*. Barcelona: Edicomunicaciones.

34. Voltaire (1976). *Diccionario filosófico* (tomo I). Madrid: Akal.

35. Aristóteles (1998). *Ética nicomáquea. Ética eudemia*. Madrid: Biblioteca Clásica Gredos.

36. Cicerón (1998). *La amistad*. Madrid: Temas de Hoy.

37. Rosembaum, M. E. (1986). «The Repulsion Hypothesis: On the Nondevelopment of Relationship». En *Journal of Personality and Social Psychology*, 51, 1156-1166.

38. Dryer, D. C. y Horowitz, L. M. (1997). «When Do Opposites Attract? Interpersonal Complementarity Versus Similarity». En *Journal of Personality and Social Psychology*, 72, 592-603.

39. Botwin, M. D., Buss, D. M. y Shackelford, T. K. (1997). «Personality and Mate Preferences: "Five Factors in Mate Selection and Marital Satisfaction"». En *Journal of Personality*, 65, 107-136.

40. Sprecher, D. y Duck, S. (1994). «Sweet Talk: The Importance of Perceived Communication for Romantic and Friendship Attraction Experienced During a Get Acquainted Date». En *Personality and Social Psychology Bulletin*, 20, 391-400.

41. Allinger, G. M. y Williams, N. W. (1991). «Affective Congruence and the Employment Interview». En *Advances in Information Processing in Organization*, 4, 31-43.

42. Eisenman, R. (1985). «Marijuana Use and Attraction: Support for Byrne´s Similarity— Attraction Concept». En *Perceptual and Motor Skill*, 61, 582-587.

43. Kandel, D. B. (1978). «Similitary in Real-Life Adolescent Friendship Pairs». En *Journal of Personality and Social Psychology*, 36, 306-312.

44. Rodgers, J. L., Billy, J. O. B. y Udry, J. R. (1984). «A Model of Friendship Similarity in Mildy Deviant Behavior». En *Journal of Applied Social Psychology*, 14, 413-425.

45. LaPrelle, J., Hoyle, R. H., Insko, C. A. y Bernhtal, P. (1990). «Interpersonal Attraction and Descriptions of the Traits of Others: Ideal Similarity, Self Mililarity, and Liking». *Journal of Research in Personatity*, 24, 216-240.

46. Smith, E. R., Byrne, D. y Fielding, P. J. (1995). «Interpersonal Attraction as a Function of Extreme Gender Role Adherence». En *Personal Relationships*, 2, 161-172.

47. Watts, B. L. (1982). «Individual Differences in Cicardian Activity Rhythms and Their Effects on Roomate Relationships». En *Journal of Personality*, 50, 374-384.

48. Murstein, B. L. (1986). *Paths to Marriage*. Newburry Park, California: Sage.

49. Séneca y Cicerón (2000). *Tratados morales*. Barcelona: Océano.

50. Plutarco (1998). «Sobre la abundancia de los amigos». En C. Fernández-Daza (ed.), *La amistad de Cicerón y textos escogidos de otros autores clásicos.*

51. Myers, D. G. (2000). *Psicología social*. Colombia: McGraw-Hill.

52. Carrasco, M. J., Llavona, L. y Carrasco, I. (1988). «Disfunción sexual y otros trastornos de las parejas». En J. Mayor y F. J. Labrador (dirs.), *Manual de modificación de conducta*. Madrid: Alhambra.

53. Capafons, J, I. y Sosa, C. D. (1998). «Un programa estructurado para el tratamiento de los problemas de pareja». En V. E. Caballo (Dir.), *Manual para el tratamiento cognitivo-conductual de los trastornos psicológicos*. Madrid: Siglo XXI.

54. Stuart, R. B. (1980). *Helping Couples Change: A Social Learning Approach to Marital Therapy*. Nueva York: Guilford.

55. Riso, W. (1996). *Deshojando margaritas*. Bogotá: Norma.

56. Hatfield, E., Walster, G. W. y Berscheid, E. (1978). *Equity: Theory and Research*. Boston: Allyn and Bacon.

57. Clark, M. S., Mills, J. y Corcoran, D. (1989). «Keeping Track of Needs and Input of Friends and Strangers». En *Personality and Social Psychology Bulletin*, 15, 533-542.

58. Buunk, B. P. y Van Yperen, N. W. (1991). «Referential Comparisons, Relational Comparisons and Exchange Orientation: Their Relation Marital Satisfaction». En *Personality and Social Psychology Bulletin*, 17, 709-717.

59. Riso, W. (2009). *El derecho a decir no*. Barcelona: Planeta/Zenith.

60. Van Yperen, N. W. y Buunk, B. P. (1990). «A Longitudinal Study of Equity and Satisfaction in Intimate Relationships». En *European Journal of Social Psychology*, 17, 16-30.

61. Schafer, R. B. y Keith, P. M. (1980). «Equity and Depression Among Married Couples». En *Social Psychology Quarterly*, 43, 430-435.

62. Johnson, M. P., Huston, T. I., Gaines, S. O. y Levinger, G. (1992). «Patterns of Married Life Among Young Couples». En *Journal of Social and Personal Relationships*, 9, 343-364.

63. Riso, W. (2000). *Jugando con fuego*. Bogotá: Norma.

64. McGuire, W. J. (1985). «Attitudes and Attitude Change». En G. Lindzey y E. Aronson (eds.), *The Handbook of Social Psychology*. Nueva York: Random House.

65. Hazan, C. y Shaver, P. R. (1994). «Attachment as an Organizational Framework for Research in Close Relationships». En *Psychological Inquiry*, 5, 1-22.

66. Shulman, S., Elicker, J. y Sroufe, L. A. (1994). «Stages of Friendship Growth in to Preadolescence as Related Attachment History». En *Journal of Social Personal Relationships*, 11, 341-361.

67. Klohenen, E. C. y Bera, S. (1998). «Behavioral and Experimental Patterns of Avoidantly and Securely Attachment Women Across Adulthood: A 31-Year Longitudinal Perspective». En *Journal of Personality and Social Psychology*, 74, 211-223.

68. Bringle, R. G. y Bagby, G. J. (1992). «Self-Esteem and Perceived Quality of Romantic and Family Relationships in Young Adults». En *Journal of Research in Personality*, 26, 340-356.

69. Shaver, P. R. y Hazan, C. (1994). «Attachment». En A. L. Weber y J. H. Harvey (eds.), *Perspectives on Close Relationships*. Boston: Allyn & Bacon.

70. Bowlby, J. (1983). *La pérdida afectiva*. Barcelona: Paidós.

71. Bowlby, J. (1985). *La separación afectiva*. Barcelona: Paidós.

72. Hazan, C. y Shaver, P. R. (1990). «Love and Work: An Attachment-Theoretical Perspective». En *Journal of Personality and Social Psychology*, 59, 270-280.

73. Mickelson, K. D., Kessler, R. C. y Shaver, P. R. (1997). «Adult Attachment in a Nationally Representative Samples». En *Journal of Personality and Social Psychology*, 73, 1092-1106.

74. Hazan, C. y Shaver, P. (1987). «Romantic Love Conceptualized as an Attachment Process». En *Journal of Personality and Social Psychology*, 52, 511-524.
75. Feeney, J. A. (1996). «Attachment, Care Giving, and Marital Satisfaction». En *Personal Relationships*, 3, 401-416.
76. Bartholomew, K. (1990). «Avoidance of Intimacy: An Attachment Perspective». En *Journal of Social and Personal Relationships*, 7, 147-178.
77. Simpson, J. A., Rholes, W. S. y Phillips, D. (1996). «Conflict in Close Relationships: An Attachment Perspective». En *Journal of Personality and Social Psychology*, 71, 899-914.

TERCERA PARTE: *ÁGAPE*. DE LA SIMPATÍA A LA COMPASIÓN

1. Comte-Sponville, A. (1997). *Pequeño tratado de las grandes virtudes*. Barcelona: Editorial Andrés Bello.
2. Weil, S. (2000). *A la espera de Dios*. Madrid: Editorial Trotta.
3. Borges, J. L. (1999). *Obra poética, 3*. Madrid: Alianza.
4. Guitton, J. (2002). *Sabiduría cotidiana*. Buenos Aires: Editorial Sudamericana.

5. Dalai Lama (2001). *La meditación paso a paso*. Barcelona: Grijalbo.

6. Trungpa, C. (1992). *El materialismo espiritual*. Bogotá: Shambhala Publications.

7. Weil, S. (1998). *La gravedad y la gracia*. Madrid: Editorial Trotta.

8. Migal, M. (1998). *Poesía mística*. Madrid: Edimat.

9. Krishnamurti (1991). *La totalidad de la vida*. México: Editorial Hermes.

10. Savater, F. (1998). *Invitación a la ética*. Barcelona: Editorial Anagrama.

11. Spinoza, B. (1995). *Ética*. Madrid: Alianza Editorial.

12. Paz, O. (1995). *La llama doble*. Barcelona: Seix Barral.

13. Teilhard de Chardin, P. (1967). *La energía humana*. Madrid: Taurus Ediciones.

14. King, U. (2001). *Pierre Teilhard de Chardin: escritos esenciales*. Bilbao: Sal Térrea.

15. Ocaña, E. (1997). *Sobre el dolor*. Valencia: Pre-Textos.

16. Gibrán, J. G. (1985). *El Jardín del profeta. Arena y espuma*. Madrid: Biblioteca Edaf.

17. Ros, M. (2001). «Valores, actitudes y comportamiento: una nueva visita a un tema clásico». En María Ros y Valdiney V. Gouveia (coords.), *Psicología social de los valores humanos*. Madrid: Biblioteca Nueva.

18. Savater, F. (2002). *Ética para Amador*. Bogotá: Planeta.

19. Rousseau, J. J. (2007). *Discurso sobre el origen de la desigualdad entre los hombres*. Barcelona: Folio.

20. Voltaire (1999). *Tratado de la intolerancia*. Barcelona: Crítica.

21. Darwin, C. (1987). *El origen del hombre*. Madrid: Espasa-Calpe.

22. Calle, R. A. (1991). *Las parábolas de Buda y Jesús: su significado iniciático*. Madrid: Heptada.

23. Schopenhauer, A. (2003). *El mundo como voluntad y representación*. Barcelona: Folio.

24. Dalai Lama (2000). *El arte de vivir en el nuevo milenio*. Barcelona: Grijalbo.

25. Fuentes, M. J., Ortiz, M. J., Flórez, F. y Etxebarría, I. (1999). «Altruismo y conducta prosocial: concepto y teorías». En E. Pérez-Delgado y V. Mestre Escrivá (coords.), *Psicología moral y crecimiento personal*. Barcelona: Ariel.

26. Baier, K. (1995). «El egoísmo». En P. Singer (ed.), *Compendio de ética*. Madrid: Alianza.

27. Jankélévitch, V. (1999). *El perdón*. Barcelona: Seix Barral.

28. Wiesenthal, S. (1998). *Los límites del perdón*. Barcelona: Paidós.